KB147015

암각화, 바위에 새긴 역사

금 요 일 엔
역사책

4

암각화,
바위에 새긴 역사

·

전호태 지음

한국역사연구회
역사선

푸른역사

등장인물

장인수
선사 미술이 전공인 대학교수,
암각화에도 관심이 많아 나름 열심히 공부하고 있다.

최석규
경주에서 한옥 펜션 성오재를 운영하며
답사기행 팀을 구려 안내하며 산다. 자칭 타칭 온갖문제연구소장.

이수진
웹툰 작가. 국내외 여행을 통해 새로운 소재를 발굴하여
역사+SF 유형 웹툰을 창작하는 인물.

박진숙
문화유산 해설사.
청소년을 위한 문화유산 스토리텔링 책을 쓰는 중이다.

김태섭
대학 졸업 뒤에도 공무원 시험 준비에 여념이 없는 수험생.
밴드 활동과 답사 참가를 통해 시험 준비로 말미암은
스트레스를 풀고 있다.

왜 바위에 그리고 새길까? 답은 정확히 모른다. 기록이 없으니 짐작할 뿐이다. 어떤 간절한 바람이나 기억, 경험 같은 걸 누군가와 공유하고 싶다면 이 방법이 제일 나았기 때문 아닐까? 가장 친숙하게 여겨지던 바위가 마음을 전하고, 그것이 기억되게 하는 데 제일 좋은 캔버스였던 까닭인지도 모른다.

바위에 사람의 흔적이 남게 된 건 바위가 인간 역사의 한 부분임을 의미한다. 바위에 남은 사람의 흔적 가운데 가장 오랜 것은 후기 구석기시대의 작품이다. 석회 동굴에서 발견된 유럽의 후기 구석기시대 회화가 그것이다. 그보다 오랜 시기에 어떤 것이 그려지거나 만들어졌는지 우리는 알지 못한다. 남아 전하지 않기 때문이다.

후기 구석기시대 동굴벽화는 채색화이다. 그러나 같은 후기 구석기시대에 바위 그늘이나 보통의 바위에 선각으로 그림을 그리기도 했다. 포르투갈 코아 계곡의 바위그림이 그것이다. 바위에 채색하며 그린 그림을 암채화, 바위에 선을 그어 그린 그림을 암각화라 하는데, 유럽, 인도, 아프리카, 중국 등에서는 둘 다 발견된다. 그러나 한국에서는 아직까지 암각화만 보고되고 있다. 구석기시대 사람이 살았던 한국의 바위동굴에서도 암채화가 발견될 수 있지만, 아직까지 그런 사례는 확인되지 않았다.

국보로 지정, 보호되고 있는 울산의 두 암각화 유적, 반구대 암각화와 천전리 각석 외에도 검파문 암각화로 불리는 유적이 11곳, 그 외 동심원문이나 성기문 같은 것이 새겨진 암각화 유적이 14곳, 모두 37곳에서 암각화가 새겨진 바위가 발견되거나 벽석, 숫돌 등이 보고되었다.

특정한 무늬가 새겨진 암각화가 영남과 호남에서 주로 발견, 보고되는 것과 달리 윷판문 암각화와 바위구멍 암각화 유적은 전국적인 분포를 보인다. 두 유형의 암각화는 제작 시기의 상한이 청동기시대까지 올라가는 것도 있지만, 현대까지 내려오는 것도 있다. 상당수 유적이 역사성을 지니고 있으며 일부 유적은 지금도 민간 신앙의 대상으로 남아 새로운 암각이 더해지기도 한다. 이런 까닭에 윷판문 암각화와 바위구멍 암각화는 별도로 통계를 내고 있다.

국내의 암각화 연구는 아직 걸음마 수준이다. 1970년 12월 울산 천전리 각석 암각화가 발견된 뒤 상당한 시간이 흐를 때까지

'암각화'를 연구 주제로 삼는 이는 손에 꼽을 정도로 적었다. 구석기시대 암채화로 분류될 수 있는 동굴벽화(동굴 암화로 부르는 것이 더 적절하겠지만) 연구를 바탕으로 선사 미술 연구의 성과가 두텁게 쌓인 유럽과 달리 동아시아, 특히 한국에서는 암각화 유적도 20세기 후반인 1970년대에야 발견되었다. 당연히 암각화가 의미 있는 연구 대상이 되고 연구 분야가 되기까지는 시간이 걸릴 수밖에 없다.

그나마 다행이라고 할까. 천전리 각석 암각화가 발견되고 알려진 이후, 국내에서 암각화 유적은 꾸준히 발견, 보고되고 있다. 암각화 유적 전문 연구학회와 연구기관도 만들어졌다. 한국암각화학회, 울산암각화박물관, 울산대학교 반구대암각화유적보존연구소는 한국 암각화 연구를 주도하고 연구 인력 양성에도 힘을 기울이고 있는 점에서 국내외적으로 주요한 암각화 연구 포스트post라고 할 수 있다. 세계문화유산 등재가 추진되고 있는 울산 반구대 암각화와 울산 천전리 각석 암각화 연구도 이들 학회와 기관이 주도하고 있다고 해도 과언이 아니다. 2020년 12월까지 국내에서 발견된 암각화 유적 발견 및 조사, 분포 현황은 아래와 같다.

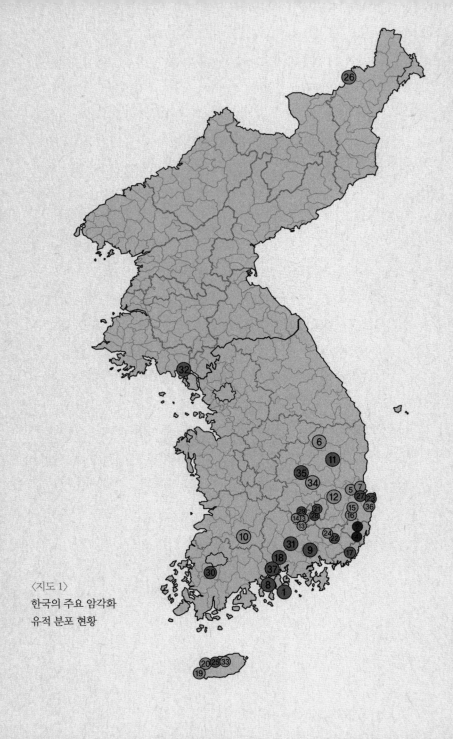

〈지도 1〉
한국의 주요 암각화
유적 분포 현황

<표 1> 한국의 주요 암각화 발견 및 조사 현황

	유적명	발견 시기/ 조사 보고자	울산대 반구대 암각화유적보존연구소 최종 확인 암각문(2020.12)	비고
1	남해 양아리	1860/ 오경석	기호 (선문, 점열문, 원문, 바위구멍) 총 41점	자연 암석
2	울산 천전리 각석	1970/문명대 (동국대박물관) 1994/전호태 3개 암면 추가	점각 동물문, 선각 기하문, 세선각 기록화, 명문 등 총 777점	자연 암석
3	고령 양전동 (장기리)	1971/이은창 (영남대박물관)	검파문 37, 동심원문 4, 여성 성기문 2 등 총 95점	자연 암석
4	울산 반구대	1971/문명대, 이융조,김정배 1994/전호태 5개 암면 추가	사람, 육지동물, 해양동물, 어류, 배 등의 도구 총 353점	자연 암석
5	포항 인비리	1984/ 국립경주박물관	석검문 2, 석촉문 1, 바위구멍 18 총 21점	고인돌
6	안동 수곡리	1991/ 이진구·김영식	여성 성기문 58, 발자국 1, 윷판 19 등 총 173점	자연 암석
7	영주 가흥동	1989/ 박홍국	검파문 12, 선각 1, 바위구멍 2 총 15점	자연 암석
8	포항 칠포리	1989~1994/ 이하우	검파문 44, 성기문 28, 검문 3, 발자국 3, 윷판 21 등 총 138점	자연 암석
9	여수 오림동	1989/ 전남대박물관	검문 1 등 총 5점	고인돌
10	함안 도항리	1991/ 창원문화재연구소	동심원문 11, 선문 14, 기타 1, 바위구멍 352 총 378점	고인돌

	유적명	발견 시기/ 조사 보고자	울산대 반구대 암각화유적보존연구소 최종 확인 암각문(2020.12)	비고
11	남원 대곡리	1991/ 김광·장명수	검파문 6, 윷판 2, 바위구멍 22 등 총 32점	자연 암석
12	영천 보성리	1993/송화섭	검파문 16, 원문 1, 선각 7, 미상 2 총 26점	고인돌 (추정)
13	고령 안화리	1993/고령군, 1994/최광식	검파문 12, 동심원문 1, 선각 5, 기타 1 총 19점	자연 암석
14	고령 지산동	1994~1995/ 영남매장 문화재연구원	검파문 1, 사람 3, 발자국 15, 선 6, 기타 8, 총 33점	지산동 30호분 석곽 상석 석재
15	경주 석장동	1994/동국대 고고미술사학과	검파문 12, 검문 16, 성기문 7, 동물 발자국 36 등 총 100점	자연 암석
16	경주 안심리	1995/ 신라문화동인회	검파문 29, 바위구멍 11 등 총 54점	자연 암석
17	동래 복천동	1995/ 부산시립박물관	나선문 1, 동심원문 1 등 총 4점	석곽묘 하단석
18	사천 본촌리	1995/ 경상대박물관	검문 1, 원문 1 총 2점	숫돌
19	제주 고산리	1997/ 김종찬	선문 80점	갈돌
20	제주 금성리	1999/ 제주대박물관	쌍나선문 7점	갈돌
21	대구 달서 진천동	2000/ 경북대박물관	동심원문 5 등 총 17점	입석

	유적명	발견 시기/ 조사 보고자	울산대 반구대 암각화유적보존연구소 최종 확인 암각문(2020.12)	비고
22	밀양 활성동	2002/ 경남발전연구원	검문 2, 여성 성기문 1 선각 7, 점각 1, 기타 1, 총 12점	고인돌 하부
23	포항 석리	2002/ 이하우	인면 1, 바위구멍 5 등 총 16점	자연 암석
24	밀양 안인리	2003/ 경남발전연구원	동심원문 1, 선문 6 총 7점	고인돌 하부
25	제주 광령리 1	2003/제주문화예술 재단·알킨(러시아 과학아카데미극동시 베리아연구소)	선각 및 연결 바위구멍 8, 선각 3 등 총 22점	고인돌 (추정)
26	무산 지초리	2004/서국태 (조선고고연구)	나선문, 동심원문 6점	자연 암석
27	포항 대련리	2006/동대해 문화연구소	인물문 1, 선각 5 총 6점	석곽묘 뚜껑돌
28	대구 달성 천내리	2007/ 이하우	동심원문 9점	고인돌
29	고령 봉평리	2008/ 대가야박물관	동심원문 4, 검문 4, 기하문 1 등 총 32점	자연 암석
30	나주 운곡동	2009/ 마한문화연구원	선각 총 54점	자연 암석
31	의령 마쌍리	2010/ 경남발전연구원	검문 2점	숫돌
32	강화 고구리	2015/울산대 반구대연구소	바위구멍 0, 선각 0 총 0점	자연 암석
33	제주 광령리 2	2015/ 전호태	선각 및 연결 바위구멍 8, 선각 2 등 총 20점	고인돌

	유적명	발견 시기/ 조사 보고자	울산대 반구대 암각화유적보존연구소 최종 확인 암각문(2020.12)	비고
34	군위 수서리	2015/울산대 반구대연구소	검파문 15, 여성 성기문 1, 선각 4 등 총 24점	고인돌 (추정)
35	상주 물량리	2017/울산대 반구대연구소	인물 전신 3, 인면 4 등 총 44점	자연 암석
36	포항 신정리	2017/전상호·이하우	검파문 12, 검문 2, 바위구멍 24 등 총 45점	자연 암석
37	하동 고포리	2017/이하우	검문 1, 바위구멍 1, 총 2점	자연 암석

필자가 암각화와 인연을 맺은 것은 1980년대 말이다. 대학원 석사과정을 마칠 즈음 울산 반구대 암각화와 천전리 각석 암각화 소개 글을 교열하는 일을 맡게 되었다. 고분벽화를 전공 분야로 삼고 있던 필자에게 암각화는 고대 회화에 선행하는 예술 작업의 결과물이라는 점에서 흥미롭게 다가왔다. 공교롭게도 1993년 국립중앙박물관에서 울산대 사학과로 직장을 옮긴 직후 처음 의뢰받았던 일도 해마다 수몰과 노출을 반복적으로 겪으면서 보존이 우려되던 반구대 암각화의 현황을 알리는 작업이었다.

1995년 9월 포항공대에서 열린 역사민속학회의 심포지엄 '한국 암각화의 세계'에서는 반구대 암각화와 천전리 각석 암각화 연구 현황과 과제를 정리하여 발표했다. 이후 울산대박물관을 이끌면서 반구대 암각화 실측 조사 보고서(2000)를 발간했고 암각화

암각화, 바위에 새긴 역사 ●

를 주제로 한 연구 논문도 여러 편 발표했다. 2011년부터는 새로 설립된 울산대학교 반구대 암각화유적보존연구소를 이끌면서 국내 암각화 유적 정밀실측 조사보고 및 연구에 매진하고 있다. 2013년부터 2년간은 한국암각화학회 회장 자격으로 국제학술 교류 및 해외 암각화 유적 답사도 진행했다.

2013년에는 국보 285호 울산 반구대 암각화에 대한 최초의 종합연구서 《울산 반구대 암각화 연구》(한림출판사; 영문판 2014, Hollym)를 출간했고, 2020년에는 국보 147호 울산 천전리 각석 발견 50주년 기념으로 《글바위 하늘의 문 - 울산 천전리 각석 이야기》(진인진)라는 제목의 대중서를 기획, 출판했다. 2021년에는 천전리 각석 종합 연구서인 《울산 천전리 각석 암각화 톺아읽기》(민속원), 2023년에는 반구대 암각화를 알리는 대중교양서 《반구대 이야기 - 새김에서 기억으로》(성균관대출판부)를 출간했다.

1993년부터 울산대 교수로 재직하면서 필자의 연구는 고구려 고분벽화와 한국 암각화를 모두 아우르게 되었다. 고구려 고분벽화와 관련이 깊은 중국 고대 미술, 특히 화상석과 고분벽화에도 관심을 기울이고 관련되는 글도 간간이 쓰는 점을 고려하면 필자는 종횡으로 연구 영역을 조금씩 넓힌 셈이 된다. 특히 암각화로의 연구 영역 확장은 인류 선사 미술의 기원 문제로 거슬러 올라가게 되었다는 점에서 '인간 지성의 종합적 표현'으로서 예술의 기원에 관심을 기울이는 계기로 작용했다. 물론 이런 과제는 한 귀퉁이에서나마 해결의 실마리를 잡을 수 있다면 그것만으로도 의미를 지닌다.

　국내의 암각화 연구가 여전히 초보적인 상태를 크게 벗어나지 못하는 것은 연구의 첫걸음을 뗀 지 이제 겨우 50년 남짓이기 때문이기도 하지만, 대중의 관심도 부족하고 연구자의 수도 몇 안 되는 데에 말미암은 측면도 크다. 20세기 후반부터 세계 곳곳에서 발견되는 선사 미술 작품의 수가 기하급수적으로 늘어나자 이에 관심을 기울이는 연구자의 수도 적지 않게 늘어난 유럽·미주 지역과는 대비되는 현상이라고 할 수 있다. 몇 안 되는 연구자와 연구기관 사이라도 상호 인적·물적 네트워크를 강화하는 한편, 대중적 관심과 지원을 적극적으로 끌어내려는 노력도 필요하다. 필자가 암각화에 대한 대중서를 기획하고 출간하려 애쓰는 것도 이 때문이다.

　그러던 중 한국역사연구회에서 역사 대중화 작업의 일환으로 '역사문고' 발간을 추진한다는 소식이 들려왔다. 기획을 담당하는 이들이 생각보다 참여자가 많지 않아 힘들어한다고 누군가가 귀띔해주기도 했다. 언젠가 암각화에 대한 짧은 소개서를 써서 대중과 공유할 필요를 느끼고 있던 필자로서는 이 기회에 '역사문고'에 참여하는 것도 좋겠다 싶었다.

　연구회에서 기획은 오랫동안 신중히 진행하더니 1차분 발간을 서둘러 마무리 짓겠다고 짐짓 의욕을 보인다. 필자 역시 암각화 개론 쓰기와 관련된 사전 준비 차원에서 오랜 기간 유적 실측보고서를 시리즈로 출간했던 터라 원고 작업도 연구회와 호흡을 맞추기로 했다. 개론에 해당하는 글이지만 두어 달 만에 원고를 마무리하려니 거칠고 성긴 부분이 많이 보인다. 그래도 원고 시한은 정해져 있는지라 아쉬운 중에도 원고를 끝내 출판사에 전했다 (2020. 8).

  '역사문고' 기획, 출간에 더하여 원고까지 쓰느라 애쓴 한국역사연구회 여호규 전 회장님과 미디어·출판위원회가 필자에게 바위그림 이야기 쓸 기회를 준 것에 감사드린다. 도면과 사진이 글보다 많은 원고를 깔끔하게 다듬고 책으로 편집해준 푸른역사 편집팀에도 감사드린다. 장마와 폭염으로 심신이 지치기 쉬운 시기에 종일 집에서 원고와 씨름하던 아빠를 참아준 아들 혜준, 아침마다 카톡 전화로 아빠의 건강을 챙겨준 딸 혜전에게도 감사하다. 하늘에서 남편을 위해 기도하기를 그치지 않는 아내 장연희에게 무어라 어떻게 감사의 말을 전할지 모르겠다. 수년 동안 국내 암각화 유적을 필자와 함께 조사, 실측하고 보고서 출간에도 힘썼던 울산대학교 반구대암각화유적보존연구소 연구진에도 감사의 마음을 전한다.

2023년 봄
일산 호수공원 곁 서재에서, 전호태

차
례

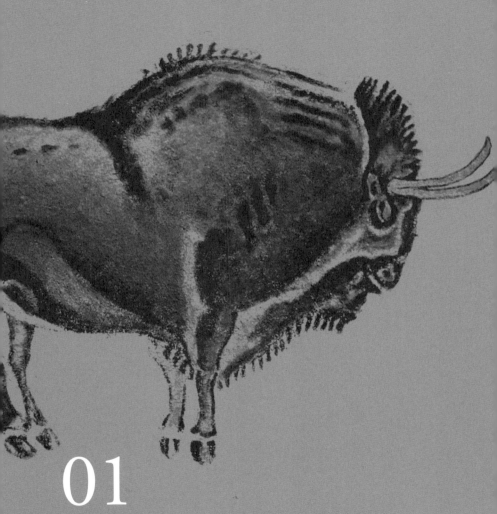

01

바위그림은
왜 그렸을까

인수가 '답사는 즐거워' 밴드 사람들과 경주에서 1박2일을 보내게 된 건 순전히 성오재 최 선생 때문이다. 물론 주요 관심 분야인 암각화 유적을 이틀 만에 여러 곳, 그것도 핵심적인 것만, 다시 볼 수 있다는 사실이 인수의 마음을 움직인 면도 있다. 자칭 타칭 '온갖문제연구소장'인 최 선생은 발도 넓고 관심사도 다양하다. 밴드도 여럿 열어 부지런히 온갖 정보를 올리고 의견을 주고받는다. 잘 나가는 답사기행 블로그를 운영하는 인플루언서이기도 하다. 온라인에서 최 선생은 셀럽이다. 최 선생이 올리는 유튜브 영상은 조회 수가 수만 이하로 내려가는 일이 없다고 한다.

그런 최 선생이 몇 달에 한 번 특정한 테마로 1박2일 답사기행을 기획하고 꾸리는데, 이번 주제가 '암각화'란다. 그러니 선사미술 연구로 먹고사는 내가 꼭 끼어야 한다는 것이었다. 대신 다

무료란다. "아니, 전문가를 모신다면서 강사료는 아니더라도 가이드 사례라도 해야 하는 것 아닌가?" 짐짓 나무라다시피 반 농담으로 한마디했지만, 최 선생은 콧방귀도 뀌지 않는다. '오라면 와야지!' 하는 식이다. 못 이기는 척 응낙했다. 사실 최 선생이 말 꺼낸 날, 둘째 날 저녁에 경주박물관회 특강이 있기도 하고, 오랜만에 한옥 펜션 성오재에서 하루 지내고픈 맘도 있긴 했다.

첫날 일정은 울산 반구대 암각화와 천전리 각석 답사, 성오재에서 저녁 회식으로 정해졌다. 점심 즈음 경주 고속터미널에서 밴드 멤버들을 만나 인사 나누고 최 선생이 운전하는 낡아빠진 17인승 밴으로 울산 언양으로 향했다. 답사 참가자는 인수와 최 선생을 포함하여 10명이 채 되지 않았다. 최 선생 말로 밴드 멤버는 적지 않지만, 답사에 참가하는 이는 늘 열 명 안팎이란다. 어찌 보면 답사마다 따라나서는 이 사람들이 밴드의 정예 멤버인지도 모른다는 생각이 들었다.

반구대 암각화에서 좀 떨어진 곳에 마련된 주차장에 차를 대고 최 선생이 앞장서 제법 그럴듯하게 만들어진 나무다리를 지나 좁고 운치 있는 흙길로 들어선다.

바위를 캔버스로 쓴 이유

"선생님, 왜 바위에 뭘 새겼을까요? 바위를 캔버스로 쓴 이유가 뭔가요?"

인수 곁으로 슬그머니 다가온 수진이 묻는다. 터미널에서 각자 자기소개를 할 때 웹툰 작가라고 했던가. 인수가 방심했다는 듯 "어, 어" 하더니 제 의견을 말한다.

"바위는, 아니 돌은 사람이 자연에서 사귄 첫 친구죠. 단순한 물질로 보기는 힘들다고 할까. 사람은 돌로 도구를 만들어 몸에 지니고 다녔으니까요. 처음 생각하는 뭔가를, 아니 경험한 것을 오래 기억하는 방법이 뭘까 생각했다면 바위에 그리고, 새기는 거 아니었을까요? 어쩌면 신적인 어떤 존재를 머릿속에 떠올리며 바위에 그리고 새겼을 수도 있죠. 빌고, 비는 그런 과정에 자연스레 바위에 그림이 남은 거라고 보면 어떨까요? 그러면서 바위에 대한 신앙이 피어났을 수도 있고요."

"어머, 그럼 바위가 신이었다는 거예요? 어떻게 바위가 신이 돼요?"

수진이 재차 묻는다. 사실 물었다기보다는 정말 이상하다는 느낌이 든 걸 말로 나타낸 거라고 보는 게 오히려 맞을 듯하다.

"뭐, 바위가 신이 될 수도 있지요. 지금도 산속 깊은 곳에서 기이한 형상의 거대한 바위를 만나면 감탄사를 내지르며 뭔가 있다는 느낌을 받잖아요. 강변 길 산책하다가 강 건너로 보이는 기암절벽을 보며 마치 특별한 어떤 존재를 만난 것 같은 기분이 들기도 하고요. 지금보다 바위와 자주 만나던 선사시대 사람들에게 바위가 특별한 존재가 될 가능성은 크지요."

"그런데 사람들이 바위에만 뭘 그리지는 않았을 거 아니에요? 나무도 있고, 뼈도 있고, 자기 몸에도 뭘 그릴 수 있고요."

수진이 재차 묻는다. 말에 약간은 따지는 투도 섞여 있다. 바위가 신이 될 수도 있다는 사실을 쉽게 수긍하기 어려워서일 거다.

"물론 사람이 바위에만 그림을 그린 건 아니죠. 나무껍질이나 이파리, 나뭇가지뿐 아니라 뼈, 피부, 흙 위에도 뭔가를 그렸겠지요. 실제 뼈나 뿔에 새긴 건 지금도 간간이 발견되고요. 그렇지만 바위그림은 흔적이 반영구적으로 남는다는 점에서 캔버스 대용으로 썼던 나무껍질이나 뼈 같은 것과는 다를 거예요. 유기물 위에 그린 건 오랜 세월 보존되기 힘들어요. 하지만 단단한 돌 위에 그리거나 새긴 건 그림으로서의 생명이 길죠. 바위 동굴 안의 벽과 천장에 그려진 그림은 지금도 볼 수 있으니까요."

수진이 태도를 약간 누그러뜨리면서 지나가는 말처럼 묻는다.

"선생님, 다른 나라에도 바위그림이 많이 남아 있나요?"

"세계 각지에 남아 전하는 바위그림의 수는 상당히 많아요. 잘 알려진 알타미라나 라스코 동굴벽화 외에도 유럽 곳곳에서 구석기시대 그림이 남아 있는 석회동굴이 발견되었고요. 유럽 이외의 지역에서도 오래된 바위그림이 많이 발견되었어요. 습도가 높아 보존이 쉽지 않은 인도나 아프리카 중부 지역에서도 선사시대 바위그림이 수천, 수만 점씩 새로 발견되니까요. 사하라 사막의 바위산에서도 암각화가 많이 발견돼요. 사막이 아닌 초원이던 때, 만 년 전쯤 그곳에 살던 사람들이 남긴 거죠."

[그림 1]
알타미라 동굴벽화 모사도
(중국 세계암각화박물관)

우리나라에는 왜 암채화가 없을까

반구대 암각화를 볼 수 있는 자리에 이르자 최 선생이 유적을 소개하는 커다란 안내판 앞에 일행을 모이게 한다. 그러더니 주섬주섬 낡은 청재킷 주머니에서 손가락 한 마디 크기 레이저 포인터를 꺼내 그것으로 바위그림 여기저기를 가리키면서 간단한 설명을 덧붙인다. 인수는 일행과 조금 떨어진 곳에 놓인 간이 의자에 앉아 잠시 숨을 돌린다. 일행의 뒤에서 설명 듣는 시늉만 하던 태섭이 인수 곁으로 다가오더니 기회라는 듯 질문을 한다.

"저, 질문 하나 해도 될까요? 저런 암각화 유적이 다른 나라에도 있나요? 아주 오래전에 다큐멘터리에서 본 동굴 그림은 색칠이 그럴듯하게 되어 있던데, 우리나라에는 그런 게 없나요?"

그러고 보니 태섭은 공무원시험 준비를 한다고 했다. 그럼 시간 여유도 별로 없을 텐데, 왜 답사를 따라다닐까? 그런 생각이 들었지만, 인수는 잠자코 질문에 응한다.

"글쎄, 내가 알기로 우리나라에서는 아직 바위에 뭔가 그리고 색칠한 그런 사례는 없는 것 같아요. 암채화는 없고, 암각화만 있는 거지요. 바위에 그림을 그리는 방법은 두 가지예요. 안료를 입혀 나타내는 방법이 하나이고 도구로 선을 긋거나 면을 파내 형상화하는 방법이 다른 하나지요. 손가락이나 나뭇가지에 안료를 찍어 바위에 바르면 암채화, 돌이나 금속으로 새기면 암각화라고 해요. 한글로는 둘 다 바위그림이지만, 한자로는 암채화(바위 채색

그림)와 암각화(바위 새김 그림)로 구분할 수 있죠."

태섭에게서 한두 걸음 거리에 있던 진숙이 인수의 설명에 관심을 보이며 제 경험을 거기에 보탠다. 진숙은 양산에서 문화유산 해설사로 일한다고 했다.

"전 작년 이맘때 스페인과 프랑스에 다녀왔는데요. 알타미라인지 라스코인지 동굴 이름이 잘 기억나지는 않지만, 모형으로 만든 동굴에서 들소니 뭐니 그린 걸 봤는데, 정말 생생하더라고요. 색감도 좋고, 터치도 좋고. 동굴 벽과 천장에 그 정도로 그리려면 상당히 내공이 쌓여야 하는데, 여하튼 대단했어요. 제가 알기로 우리나라엔 그런 게 없어요. 그죠? 선생님."

인수가 고개를 끄덕이며 답한다.

"아, 네. 그래요. 우리나라는 역사도 오래고 오지로 남겨진 지역도 드물어요. 게다가 사계절 온도와 습도의 변화도 심하고요. 선사시대든, 역사시대든 채색화가 남아 전할 가능성이 그리 크지는 않은 곳이죠. 인도는 오랜 역사를 자랑하지만, 옛 문명 지역이 버려진 그대로 남아 있는 곳이 많아요. 숲 깊은 곳의 동굴이나 오지의 선사 유적지에서 암채화가 자주 발견되지요. 이런 데는 대개 오랜 기간 인적이 끊긴 곳이에요.

우리나라는 산악국가예요. 어디서나 주위를 둘러보면 산이 보이는 곳이죠. 바위투성이 산 사이 골짜기의 좁은 선상지가 주거지와 경작지로 쓰일 수밖에 없어요. 역사가 쌓이고 새로 쓰인 곳도 이런 곳이죠. 강원도나 경상도 같은 경우는 이런 땅도 몇 군데

- [그림 2] 울산 반구대 암각화 전경
- [그림 3] 울산 반구대 암각화 주 암면

없어요. 여러 가지 이유로 인적이 끊기고 잊혔던 곳에도 사람이 다시 와 살 수밖에 없는 거예요. 사람의 흔적이 아예 버려지고 잊힌 그런 데가 별로 없어요. 그러니 채색화가 만들어져 어딘가에 묻혀 있다 해도 보존되기 어렵죠. 삼국시대 초기의 무덤 돌벽에서 암각화 조각이 발견되는 일도 있어요. 유적, 유물이 원래의 상태로 보존되기 정말 어려운 곳이라는 걸 알 수 있어요."

02
고래바위와
글바위

반구대 암각화에서 상당한 시간을 보낸 일행이 인수의 뒤를 따라 대곡천 곁 산길로 천전리 각석을 향해 가는 동안 최 선생은 부지런히 밴을 몰아 먼저 천전리 마을 쪽으로 간다. 천전리 각석 답사를 마치면 바로 일행을 태우고 경주 성오재로 가기 위해서이다. 반구대 암각화에서 2킬로미터 남짓 거리에 있는 천전리 각석까지 차로 가려면 반구대에서 도로 나와 국도를 타고 천전리 마을을 거쳐 유적 근처에 이르러야 한다. 산길로 걷거나 차로 가거나 그게 그거라 아는 이들은 절경을 즐길 수 있는 계곡 옆 산자락에 자연스레 만들어진 길을 택하는 경우가 많다.

일행이 천전리 각석이 내려다보이는 산자락 길 거의 끝에 이르자 벌써 바위 앞에 와 서성거리던 최 선생이 보호 목책 너머로 크게 두 팔을 벌려 흔들면서 반갑다는 표시를 한다. 마치 오랫동안

- [그림 4] 울산 반구대 암각화 주 암면 근경
- [그림 5] 울산 반구대 암각화 주 암면 실측도(3D 도상)

헤어졌다 만나는 듯 멀리서 보아도 함박웃음이다. 최 선생의 이런 모습 때문에 주위에 사람이 모여드는지도 모르겠다.

4차례에 걸쳐 새겨진 반구대 암각화

최 선생이 이번에는 교수님 차례라며 등 떠미는 바람에 유적에 대한 간단한 설명을 마친 뒤 인수가 목책 쪽으로 물러난다. 촬영에 바쁜 일행을 물끄러미 보는 인수 곁에 어느 틈에 수진과 진숙이 와 있다. 수진이 묻는다.

"반구대는 멀리서 보니까 별로 실감이 나지 않았지만, 각석은 이렇게 가까이서 볼 수 있으니 좋네요. 그런데 그 반구대 말예요. 설명문 옆 그림에는 고래 말고 다른 짐승들도 많던데, 그게 먼저인가요? 나중인가요? 혹시 고래 새긴 사람들이 짐승들도 새겼나요? 고래도 잡고, 짐승도 사냥하면서 살았다는 건가요? 안내문에는 차례로 새겨진 것처럼 설명되어 있던데, 누가 언제 새겼는지는 말끝을 흐리더라고요. 제 느낌에는 그랬어요. 참, 그리고 왜 하필 거기에 짐승이건, 고래건 새겼을까요? 멀리서 보아도 암각화 바위 바로 앞에 강이 흐르고 바위와 강 사이에 공간도 별로 없어 여러 사람이 서 있기도 어렵겠던데."

질문이 여럿 뒤섞인 까닭일까. 인수가 곤란하다는 표정을 지으면서 말문을 연다.

"그게 설명하자면 좀 복잡한데, 멀리서는 잘 보이지 않지만, 암각화가 새겨진 바위 위쪽은 절벽 끝부분이 버섯의 갓처럼 앞으로 약간 뻗어 나왔어요. 혹 비가 와도 바로 아래로 내리치지 못하죠. 암각화 바위 앞으로 흐르는 대곡천 너머로는 편평한 대지가 상당히 넓게 펼쳐져 있어요. 많은 사람이 거기에 앉아 암각화 바위를 볼 수 있죠. 여러 사람이 모여 암각화와 관련된 제의 같은 걸 펼치기에도 적당한 곳이에요. 대곡천을 따라 병풍처럼 늘어선 바위 절벽 가운데 암각화를 새기기에는 가장 좋은 곳이죠. 특별히 거기만 바위 면이 넓고 편평하잖아요.

암각화가 새겨진 바위 면의 크기가 가로×세로 9.50×2.70미

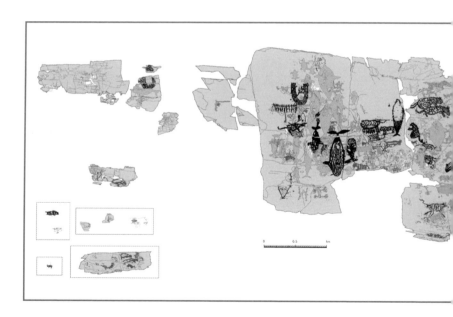

터예요. 이 바위의 좌우로도 작지만 편평한 바위가 10여 개 있어요. 이런 바위 면에는 다 암각화가 있어요. 아마 지금 남아 있는 그림이 300점이 좀 넘을 거예요.

반구대 암각화 바위에 처음 새겨진 것은 육지의 네발짐승들이에요. 선 새김과 면 새김으로 새겼죠. 여기서 말로 설명하기는 쉽지 않지만, 이 작업은 바위 면의 여러 곳에서 이루어졌어요. 이때 새긴 그림은 주로 대상의 외형적 특징만 잡아낸 정도고 새겨진 짐승들의 크기도 그리 크지 않아요. 이 암각을 남긴 사람들은 풍경이나 서사를 떠올릴 정도로 잘 짜인 화면을 구상했던 것 같지는 않아요."

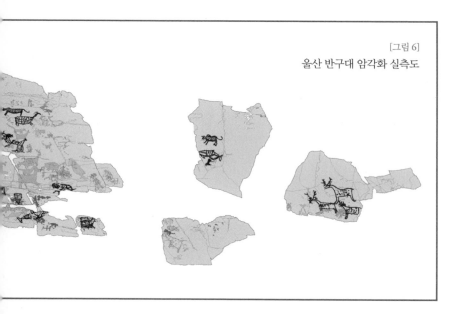

[그림 6]
울산 반구대 암각화 실측도

인수가 말을 이으려 하는데, 최 선생이 손뼉을 치며 사람들의 주의를 끌어모은다.

"자, 다들 모이세요. 여기서 기념 촬영하고, 10분 정도 뒤에는 차로 이동하겠습니다. 어, 거기 장 선생님 쪽도 이리로 오세요."

***

최 선생이 저녁 준비 거든다며 식당 쪽에서 분주히 이리저리 다니는 동안 인수는 맞은편 사랑채 툇마루에 앉아 수진의 질문에 미처 답하지 못한 걸 마저 풀어낸다. 태섭, 진숙도 나란히 앉아 인수의 설명을 듣는다.

"반구대 바위에는 서로 다른 그룹의 사람들에 의해 최소 네 차례 정도 암각이 이루어진 것 같아요. 두 번째 암각을 시도한 사람들도 첫 번째 바위 새김 한 사람들처럼 육지의 네발짐승들을 새겼는데, 처음 새겨진 것과는 내용에 차이가 있어요. 두 번째 새김 작업은 주로 바위 면 오른쪽 넓은 화면에서 이루어졌는데, 대부분 면 새김이에요. 대상의 외형을 선으로 나타내고 그 안을 다 파낸 거죠. 암각화 연구하는 사람들은 선으로만 나타내면 선 새김, 속을 다 파내면 면 새김이라고 해요.

바위에 두 번째 새겨진 짐승들은 덩치가 큰 초식동물이에요. 주로 발굽동물이죠. 전문용어로는 우제목 짐승이고요. 화면에서 무리를 이룬 이 초식동물들 사이에는 족제비나 개와 비슷한 짐승들이 끼어 있는 경우가 많아요. 이런 짐승 곁에는 활이나 칼을 든 사람이 서 있고요. 그러니까 일종의 사냥터를 무대로 한 풍경화인 거예요. 사냥꾼과 사냥감이 한 화면에 있는 거죠. 개는 정말 개일 수도 있고요. 족제비 비슷한 짐승도 어떤 역할이 있을 거예요."

고래도 포함된 두 번째 암각

잠시 숨을 돌린 인수가 말을 잇는다.

"두 번째로 암각을 시도한 사람들은 짐승과 사람을 비례에 따라 새겼어요. 짐승의 몸통 각 부분 사이 비례도 비교적 잘 들어맞고요. 짐승과 사람의 위치며 자세도 비교적 정확하다고 할 수 있는데, 이건 바위에 새긴 사람들이 실제 이런 짐승들을 사냥하면서 얻은 경험이나, 사냥 대상이 되었던 짐승을 잘 살펴보았기 때문일 거예요. 재미있는 건 두 번째 암각에는 고래도 포함되어 있다는 거예요. 이건 고래가 바위에 초식동물을 새긴 사람들에게도 먹거리로 인식되었기 때문일 거예요. 그렇지 않으면 자신들이 사냥하던 초식동물들을 바위에 새기면서 굳이 고래까지 표현할 필요가 없는 거죠. 그러니까 두 번째 암각을 시도했던 사람들은 바다에 나가 고래를 보았고, 사냥한 초식동물을 먹거리로 삼았듯이 고래도 먹었던 거예요. 고래를 사냥했는지, 아니면 바닷가 모래밭이나 자갈밭에 좌초한 고래를 잡게 되었는지는 몰라도 말이에요."

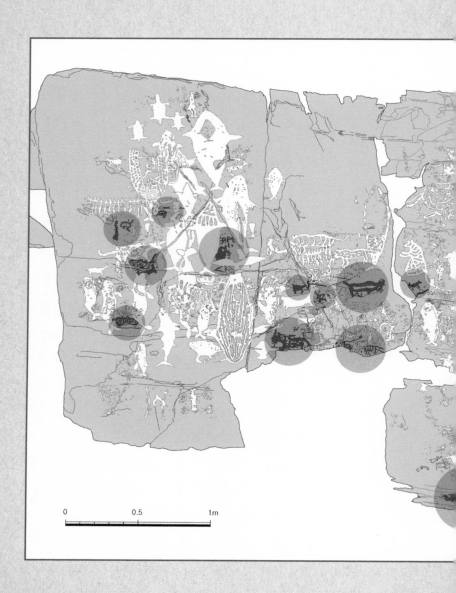

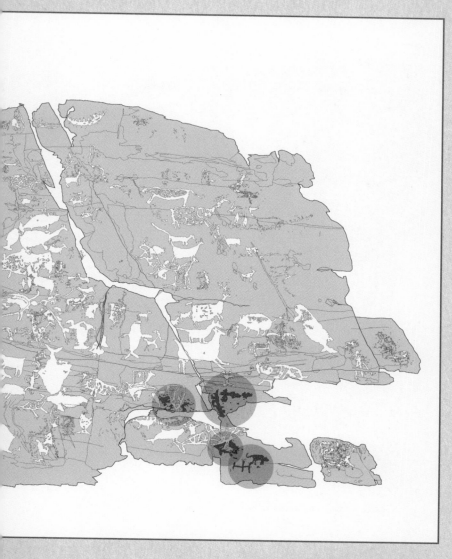

[그림 7] 울산 반구대 암각화 실측도(1차 작업 암각문)

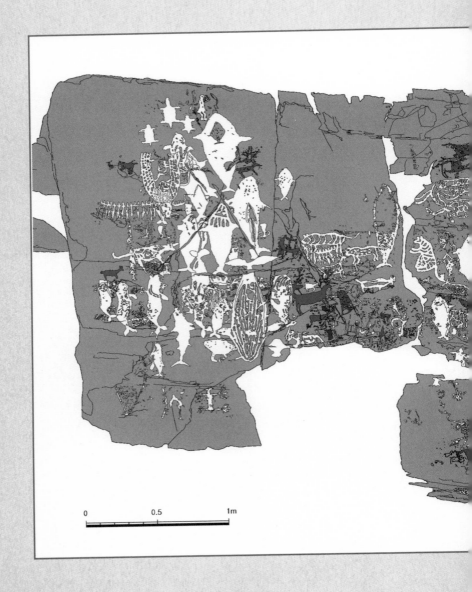

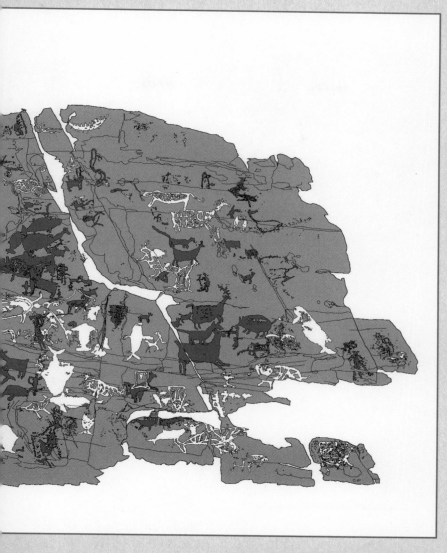

[그림 8] 울산 반구대 암각화 실측도(2차 작업 암각문)

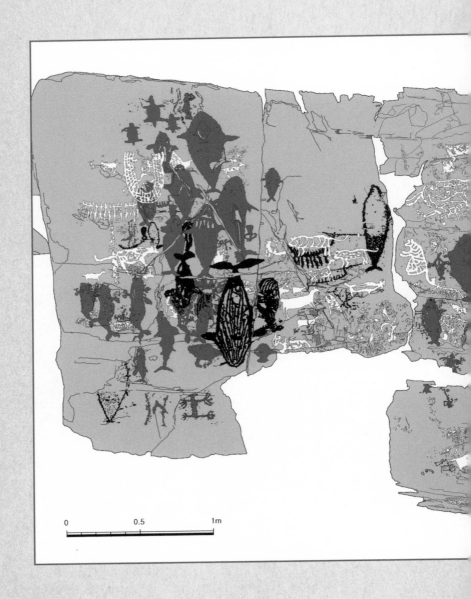

0   0.5   1m

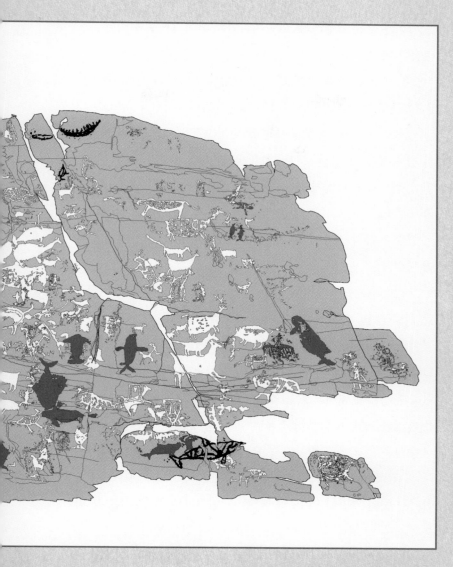

[그림 9] 울산 반구대 암각화 실측도(3차 작업 암각문)

인수가 말을 그쳤다가 고래 이야기를 본격적으로 꺼내려는데, 태섭이 끼어든다.

"저, 선생님, 고래 말예요. 그걸 사람이 잡았다는 건가요? 안내판 그림에 거기 새겨졌다는 배는 정말 작던데, 사람도 작고요. 그런 걸 타고 바다로 나갔다는 게 잘 믿어지지 않아요. 제가 보기에는 참 무모해요. 그런 조그만 배를 타고 바다에 나가 고래를 잡는 일이 선사시대에 일어났다는 걸 믿기 힘들어요. 제 생각에는 삼국시대에도 어려운 일이었을 것 같아요."

인수가 잠시 곰곰이 생각하는 표정을 짓는다. 그 사이에 진숙이 나선다.

"태섭 씨는 아까 보았던 설명문이 믿어지지 않나 봐요? 그렇지만 안 그래요. 선사시대라고 만화나 B급 드라마 같은 데서 보는 것처럼 돌로 만든 창을 막대에 꽂고 소리 지르며 천방지축 뛰어다닌 거 아니에요. 도구가 그래서 그렇지, 나름 조직적이고 일사불란하게 거대한 매머드 같은 것도 사냥했다고요. 고래라고 다르지는 않았을 거예요. 잡으려고 들면 잡을 수 있었을 거라고요."

수진은 어느 쪽도 편들지 못하고 모호한 표정으로 둘을 바라본다. 수진이 인수 쪽으로 얼굴을 돌린다. 선생님이 해결해주어야 한다는 듯이 가만히 인수를 바라본다. 인수가 목이 좀 마른 듯 마른 침을 두어 차례 삼키며 입술을 축이더니 입을 연다.

"반구대 암각화 바위에 세 번째로 새겨진 건 고래를 비롯한 바다짐승들과 대형 어류예요. 현장 설명판 그림에서 본 것처럼 고래, 바다거북, 상어 등이 바위 면의 왼쪽에 집중적으로 새겨졌는데, 화가가 바위 절벽 높은 곳에서 바다를 내려다보며 스케치한 듯한 느낌을 줘요. 이런 식의 화면 구성과 표현이 쉽지는 않아요. 전문용어로는 부감법에 따른 표현이라 할 수 있죠. 반구대 암각화에는 모두 57마리의 고래가 새겨졌는데, 이 중에는 새끼 고래를 등으로 받쳐 숨 쉬게 하려는 듯한 어미 고래도 있고, 작살에 찔린 고래도 있어요. 배를 보이며 바다 깊숙한 곳으로 자맥질해 들어가는 듯이 보이는 고래도 있고, 바다 위로 등을 보이며 숨을 내쉬는 듯이 보이는 고래도 있죠.

주로 면 새김으로 표현된 고래 사이로는 고래잡이배로 볼 수 있는 표현도 여럿 보여요. 고래와 관련된 주술행위 중인 것으로 해석이 가능한 사람도 묘사되었고요. 심지어 잡은 고래를 어떻게 해체하는지를 보여주려는 듯 고래의 몸에 세로로 여러 개의 굵직한 선을 그은 그림도 발견돼요. 이런 그림들은 바위에 고래를 새긴 사람들의 생업이 고래잡이였다는 해석을 가능하게 해줘요."

인수가 잠시 말을 그치고 호흡을 가다듬더니 다시 잇는다.

"반구대 암각화의 고래는 고래잡이가 선사시대부터 시작되었을 가능성을 사실로 확인시켜준다고 할 수 있어요. 어떤 이들은 반구대 암각화의 고래 그림이 청동기시대에, 다른 이들은 신석기시대에 새겨졌다고 보는데, 세계 선사 미술 연구자들도 비슷하게 봐요. 반구대 암각화는 아마 국제적으로 가장 널리 알려진 유적일 거예요. 이 유적을 한반도에서 이루어진 고래사냥의 역사뿐

[그림 10] 울산 반구대 암각화(새끼 업은 고래)

[그림 12] 울산 반구대 암각화(잠수하는 고래)

[그림 11]
울산 반구대 암각화 실측도
(작살 맞은 고래)

[그림 13]
울산 반구대 암각화 실측도
(고래잡이배)

[그림 14]
울산 반구대 암각화 실측도
(해체선이 그어진 고래)

아니라 세계 고래사냥의 역사에서도 주요한 의미를 지닌 것으로 보니까요.

선사시대에 울산 앞바다를 무대로 펼쳐졌을 고래사냥이 어떤 사람들에 의해 얼마 동안 이루어졌는지는 알 수 없어요. 더욱이 고래사냥을 주업으로 삼았던 사람들이 어디서 왔고 어디로 갔으며, 어떤 이유로 고래사냥을 그만두거나, 울산을 떠났는지도 몰라요. 흥미로운 건 울산 앞바다가 북태평양 회색고래의 경유지이고 여러 종류의 고래들이 회유하는 가장 주요한 경로라는 사실이에요. 한반도에서도 가장 쉽게 고래를 볼 수 있는 곳이 바로 울산 앞바다예요. 울산 장생포가 일제강점기에 근대 포경산업의 중심 기지가 된 것도 이 때문이니까."

가만히 인수의 설명을 듣고 있던 태섭이 문득 생각이 났다는 듯 한마디한다.

"선생님, 지난번 제가 친구와 국립중앙박물관에 갔다가 화살 박힌 고래 뼈를 본 것 같은데요. 그게 어디 건지는 모르겠지만요. 좀 신기하더라고요."

인수가 태섭이 말을 잘해주었다는 표정으로 고개를 주억거리더니 설명을 이어간다.

"신석기시대 한국에서 고래가 먹거리로 활용되었던 건 확실해요. 울산 황성동 유적과 부산 동삼동 패총에서 고래 뼈가 나왔으니까요. 태섭 씨가 본 건 울산 황성동 신석기 유적층에서 나온 거예요. 골촉이 박힌 고래 견갑골이죠. 부산 동삼동 패총에서는 고

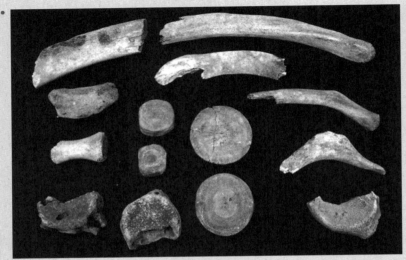

- [그림 15] 부산 동삼동 패총 출토 고래뼈
- • [그림 16] 울산 황성동 신석기 유적 출토 작살 박힌 고래 견갑골

래 뼈가 제법 많이 나왔어요. 신석기시대 연구자 중에는 창녕 비봉리 신석기 유적에서 발견된 2척의 통나무배가 고래사냥에 사용되었을 거라고 보는 이도 있어요.”

자기만 빠질 수 없다는 듯 진숙이 얼른 한마디한다.

“고래가 한꺼번에 새겨진 바위면 아래쪽에 사람 같은 게 새겨졌던데, 손과 발이 너무 커서 사람이 아닌 것처럼 보이기도 했어요.”

인수가 답한다.

“아, 그건 사람이에요. 사지를 벌리고 선 사람이죠. 손과 발이 매우 과장된 그런 사람을 보통 수족과장형 인물상이라 그래요. 동아시아 알타이 산지 암각화에서 자주 발견되고요. 대개 이런 식으로 표현된 인물은 샤먼이죠. 손과 발을 두드러지게 크게 묘사한 건 샤먼이 보통 사람과는 다른 존재이기 때문이에요. 신과 사람 사이를 잇고, 신의 말씀을 사람에게 전하니까요. 엑스터시 상태에서는 고래나 사슴과 말도 나누고요.”

수진이 제 차례라는 듯 말을 꺼낸다.

“제가 보기에 고래 새긴 사람은 진짜 예술가였던 것 같아요. 캔버스에 풍경화 그리듯이 새겼다고 할까. 어디엔 뭐 그리고, 어디엔 뭐 넣고 이런 식으로 미리 스케치했다는 생각도 들어요. 고래, 거북, 사람 같은 걸 자신이 구상한 풍경 속에 넣은 거죠. 그걸 새기던 시대에 벌써 전문적으로 그림만 그리는 화가가 있었던 거 아닐까요? 참, 그리고 선생님, 아까 어떤 분이 큰 고래 옆에 새긴 건 펭귄, 호랑이 비슷한 그림 옆의 건 캥거루라며 옛날엔 우리나라에 그런

- [그림 17] 울산 반구대 암각화 수족과장형 인물
-- [그림 18] 몽골 차강살라 암각화 수족과장형 인물
--- [그림 19] 울산 반구대 암각화(사람과 거북)

게 살았던 게 확실하다고 그러더라고요. 너무 나가시네 하는 생각도 들긴 하던데, 선생님은 그런 이야기 못 들어보셨어요?"

인수가 텁텁한 땡감 한 입 물은 듯한 표정을 짓더니, 한숨을 푹 쉬고는 말문을 연다.

"생태 환경이 남반구와 북반구는 차이가 커요. 그래서 생물의 진화 방식에도 차이가 있죠. 특히 오랜 기간 고립되어 있던 오스트레일리아의 식생은 한반도와 달라도 너무 다르죠. 새끼주머니가 있는 유대류는 호주 생태권에서만 발견돼요. 캥거루나 오리너구리는 유대류죠. 펭귄도 마찬가지로 남반구 동물이에요. 펭귄과 여러모로 비슷한 바다쇠오리류가 날 수 있는 건 북극권에 포식동물들이 여러 종류 있기 때문이거든요. 그런 북반구에 펭귄이 살기는 거의 불가능하죠. 펭귄처럼 보이는 새 두 마리를 가마우지로 보는 분들이 많아요. 캥거루로 보이는 건 바위 새김이 몇 차례 진행되면서 짐승의 형상이 겹쳐 생긴 현상으로 보고요."

"그럼 캥거루처럼 보이는 게 호랑이나 그런 짐승들이 겹쳐진 거라는 거죠?"

진숙이 말을 거든다. 인수가 답한다.

"그래요. 마지막에 깊고 굵게 새겨진 호랑이나 표범 같은 맹수 그림이 이전에 새긴 그림과 새김 선이 엉킨 거예요. 반구대 암각화에 네 번째 암각 작업을 한 사람들은 주로 맹수를 묘사했는데, 선이 굵고 깊어요. 긋고 갈고, 긋고 갈고를 거듭한 거죠. 물론 뿔이 크고 돋보이는 점무늬 사슴같이 덩치 큰 초식동물들도 새겨지

[그림 20, 21]
울산 반구대 암각화(바다새)

[그림 22]
울산 반구대 암각화 실측도
(중첩 암각 동물)

[그림 23]
울산 반구대 암각화
(중첩 암각 동물)

지만, 주로 어깻죽지가 두드러지고 치켜든 긴 꼬리가 인상적인 맹수들이 바위 면 곳곳에 새겨져요. 네 번째로 바위에 그림을 새긴 사람들은 먼저 굵고 깊은 선 새김으로 동물의 외형을 나타낸 뒤 몸통의 줄무늬나 점무늬, 얼룩무늬 등을 표현했죠. 깊은 선 새김에 더해 갈아 새기기를 시도한 점에서 네 번째 암각 작업자들은 이전에 바위 면에 선이나 면을 새긴 사람들과 좀 달라요.

반구대 바위에 맹수들을 새긴 사람들은 육식동물의 힘과 날카로움, 여러 가지 기능에 주목했던 것 같아요. 인간과 다른 차원의 능력을 보여주는 이런 생명체에 강한 외경심을 품고 있었는지 몰라요. 다른 지역의 사례를 보면, 이런 경우 맹수는 사냥의 대상이 아니라 숭배의 대상이 되는 거죠. 네 번째로 바위 면에서 암각을 한 사람들은 이전과는 다른 의도나 효과를 염두에 두고 바위 새김을 시도했을 수도 있어요."

잠시 호흡을 가다듬은 인수가 말을 잇는다.

"반구대 암각화 바위의 네 번째 암각에 적용된 기법이나 물상 묘사는 한국의 청동기시대와 초기 철기시대를 대표하는 표지적 유물 장식문에서도 확인이 돼요. 일본 도쿄국립박물관에 소장된 경주 출토 견갑형 동기에도 암각화에 보이는 것과 비슷한 맹수가 새겨져 있어요. 아산 남성리에서 출토된 검파형 청동기에는 점무늬의 사슴 종류 동물이 장식되어 있는데, 역시 반구대 암각화에 보이는 것과 표현기법에서 별다른 차이를 보이지 않아요.

반구대 암각화에 적용된 굵고 깊게 새긴 뒤 갈아내기는 아까

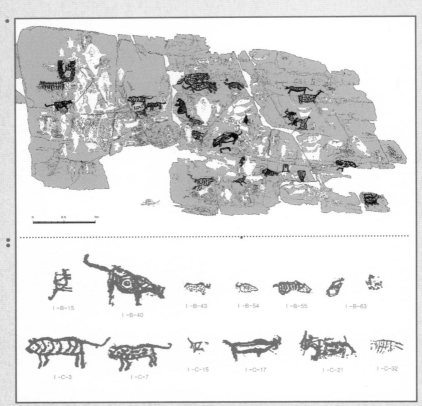

I-B-15   I-B-40   I-B-43   I-B-54   I-B-55   I-B-63

I-C-3   I-C-7   I-C-15   I-C-17   I-C-21   I-C-32

두 번째로 갔던 천전리 각석 기하문 새김법에서도 확인되는 기법이에요. 물론 깊게 새기고 갈아낸 정도에서 천전리 각석은 그 정도가 훨씬 더해졌죠. 구상적 표현과 거리가 있는 기하문 장식이라는 점에서 천전리 각석 암각화와 반구대 암각화는 다르지만 말이에요. 그래도 제작기법에서 두 유적이 공통점을 보이는 것도 사실이죠. 어떻든 반구대 암각화의 맹수 그림에 적용되었던 제작기법이 한두 걸음 더 나아가면 천전리 각석 기하문 새김에 쓸 수도 있죠. 물론 그렇다고 두 유적의 제작 집단이 서로 관련 있다고 보기는 어렵겠지만 말이에요.

반구대 암각화 중에 깊은 선 새김과 갈아내기로 이미 새겨졌던 그림들이 훼손되고 있다는 점도 천전리 각석과 좀 비슷하긴 해요. 새김 기법이 다르고, 새김 대상도 뚜렷한 차이를 보인다는 사실을 아울러 생각하면 반구대의 네 번째 암각 작업자들은 이전에 이 바위에 새김을 시도했던 사람들과 성격이 매우 다른 집단에 속했다고 보아야 할 거예요. 세 번째 암각 대상이 주로 고래와 같은 바다짐승이었음을 고려하면 세 번째 암각 이후 네 번째 암각이 이루어질 때까지 상당한 시간이 흘렀을 가능성도 크고요. 네 번째

• [그림 24] 울산 반구대 암각화 실측도(4차 작업 암각문)
•• [그림 25] 울산 반구대 암각화 실측도(맹수)
••• [그림 26] 울산 반구대 암각화(호랑이)

[그림 27]
울산 반구대 암각화
실측도(사슴)

[그림 28]
울산 반구대 암각화
실측도

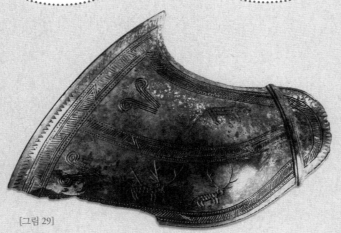

[그림 29]
경주 출토
견갑형 청동기
장식문

[그림 30]
아산 남성리 출토
검파형 청동기 장식문

암각 대상에 바다짐승이 전혀 포함되어 있지 않은 것도 두 집단의 생활방식이 전혀 달랐기 때문일 거예요."

인수가 강연이나 다름없는 반구대 암각화 설명을 마칠 즈음 최 선생이 마이크로 말하듯 두 손을 입에 대고 큰소리로 외친다.

"자, 다들 식당으로 오세요. 성오재 특제 저녁 준비가 다 되었습니다."

천전리 각석은 신라 화랑들이 수련하던 곳

저녁 자리에서도 식사를 마칠 즈음 인수 옆과 앞을 차지한 세 사람이 인수에게 질문 세례를 퍼붓는다. 최 선생과 한 팀을 이룬 또 한 그룹이 막걸리를 나누며 화기애애한 분위기를 연출하는 동안 인수네 멤버들은 마치 이번 기회에 암각화 공부를 마치겠다는 듯한 표정이다. 수진이 먼저 말문을 연다.

"선생님, 반구대에서 산길로 천전리 각석 쪽으로 갈 때요. 뒤에 따라오던 분들 가운데 어떤 분이 거기가 신라 때 화랑들이 와서 제사 지낸 곳이라고 하던데, 맞나요? 가서 보니까 제사 터 같은 느낌은 안 들던데요. 많이 다녀보지 않았지만, 제 경험으로는 제사 지내던 데는 특유의 분위기, 무슨 기운 같은 게 흐르던데, 거긴 그런 걸 잘 못 느끼겠더라고요. 그냥 좀 시원스럽다 그런 정도였어요."

인수가 컵에 조금 남은 보리차를 마저 마시고는 입을 연다.

"천전리 각석은 지역 사람들에게 신라 화랑이 낭도들과 함께 찾아와 수련을 쌓던 곳으로 알려졌어요. 이런 까닭에 마을 사람들은 화랑 각석이라고 불렀죠. 자료집에 나와 있는 것처럼 천전리 각석에는 신라 때 새겨진 명문이 많이 남아 있어요. 그중에는 화랑 이름도 여럿 나오고요. 명문에 보이는 화랑 이름이 《삼국사기》나 《삼국유사》 같은 역사책에도 나오죠.

역사학자들 사이에서는 천전리 각석이 역사시대 명문이 다수 남아 있는 유적으로 기억되고 있어요. 하지만, 암각화 연구자들은 이 유적을 기하문으로 장식된 암각화 작품으로 알아요. 천전리 각석에 남겨진 기하문은 국내의 다른 암각화 유적에서는 유사한 사례를 찾기 어려우니까요. 그래서 천전리 각석=기하문으로 암각화 연구자들의 뇌리에 더 깊이 새겨져 있기도 하지요."

"그런데 선생님, 아까 천전리 각석 앞에서 잠깐 설명하고 지나가신, 점으로 찍어 나타낸 짐승 말이에요. 바위 가운데에서는 거의 보이지 않더라고요. 바위 왼쪽 끝에 허리가 긴 짐승 두 마리가 꼬리쪽을 서로 맞대고 서로 반대 방향을 보고 서 있는 건 봤어요. 뿔이 커다란 사슴 머리도 보고요. 그 허리가 긴 짐승은 정체가 뭐예요?"

- [그림 31] 울산 천전리 각석 원경
- • [그림 32] 울산 천전리 각석 전경
- • • [그림 33] 울산 천전리 각석 주암면

[그림 34]
울산 천전리
각석 주암면 실측도
(전체)

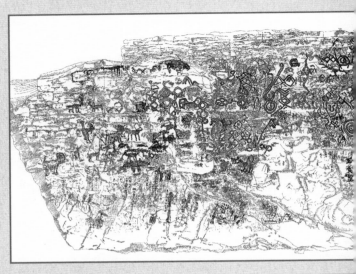

[그림 35]
울산 천전리
각석 주암면 실측도
(1차 작업 암각문)

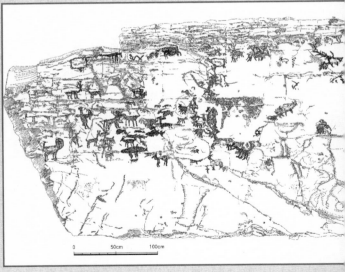

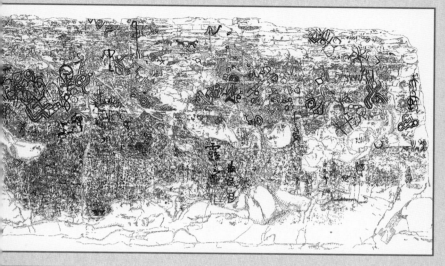

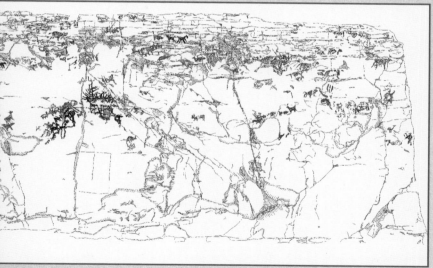

수진이 재차 묻는다. 정말 알고 싶은 게 많은지, 아니면 제 웹툰 아이디어를 얻으려고 그러는지 알 수 없지만, 아무튼 질문을 거의 도맡아 한다.

"천전리 각석에서도 여러 차례 암각이 이루어졌어요. 적어도 네 차례 서로 다른 유형의 새김 작업이 이루어졌죠. 단단한 돌로 바위를 쪼아 짐승과 사람을 나타낸 게 처음이고, 돌로 바위 면을 굵고 깊게 갈아내며 기하문과 사람 얼굴 등을 묘사했던 게 그 다음이에요. 역사시대에 와서 짐승들과 기하문을 새겼던 사람들과는 다른 이들이 이 바위를 찾아와 쇠붓이나 쇠연필에 해당하는 것으로 각석 아래쪽에 사람과 말, 배, 용, 새, 못 등을 그려 넣죠. 이렇게 새겨진 가는 선 그림 위의 빈 곳에 한자 명문을 새기는 게 마지막 작업이고요. 하기는 그 위에 잡다하게 선을 긋는 일이 계속되니까, 그게 마지막 작업일 수도 있겠네요.

천전리 각석에 처음 사람의 손길이 닿으며 새겨진 것은 짐승과 사람이에요. 얕게 쪼아 새긴 사슴과 노루 같은 초식동물뿐 아니라 개과, 고양이과 짐승들, 활로 뭔가를 겨눈 사람이 가로×세로 9.50×2.70미터 크기 바위 전면에 가득 채워졌죠. 고래와 같은 바다짐승도 있고, 상어로 판단되는 어류도 있어요. 사실 천전리 각석을 찾아간 사람들은 전문가이건 일반 시민이건 굵고 깊게 새겨진 기하문에 눈길을 뺏겨요. 그러니 기하문이 새겨지기 이전 새겨진 짐승들이 눈에 들어올 리 없죠.

천전리 각석에 점 쪼기 방식으로 사슴 같은 걸 새겨 넣은 사람

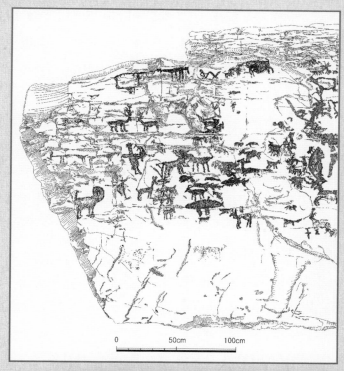

- [그림 36] 울산 천전리 각석 실측도(1차 작업 남쪽 암각문)
- ● [그림 37] 울산 천전리 각석 점 쪼기 암각문(사슴 한 쌍)

들은 사냥과 채집을 생업으로 삼던 이들일 거예요. 손에 긴 활을 잡은 사람, 큰 뿔을 지닌 사슴, 이런 짐승을 뒤쫓던 개과와 고양이 과 맹수들이 한 화면에 등장하는 걸 보면 사냥이 주제라는 사실이 잘 드러나요.

천전리 각석이 있는 대곡천 중상류 일대에 농경 가능한 토지가 펼쳐져 있음에도 바위에 사냥과 관련이 깊은 존재들이 묘사되었 다는 점에서 각석을 찾은 이들이 어떤 소망을 품고 있었는지 미루 어 짐작할 수 있어요. 아마 골짝 깊은 곳에서 이 특이한 형태의 커 다란 바위와 마주치자 바로 신의 손길을 느꼈는지도 몰라요. 바 위의 신과 교감하게 되었다고 할까?"

"선생님, 그 허리가 긴 짐승은요?" 수진이 다시 묻는다.

천전리 각석의 짐승은 번식 기원용

"천전리 각석에 점 쪼기로 묘사된 짐승 가운데에는 두 마리씩 짝 을 지은 것이 여럿 있어요. 암수 한 쌍을 나타낸 거겠죠. 서로 등 진 채 꼬리 쪽을 맞댄 그 허리 긴 짐승은 교미하는 중이었던 것 같 아요. 물론 그 그림만으로 단정 짓기는 좀 그렇지만요. 어떻든 짐 승을 암수의 쌍으로 나타냈다면 그건 번식을 기원하는 마음에서 비롯된 표현이라고 해야겠죠. 사실 그 짐승의 정체는 지금도 몰 라요. 과장된 건지, 실제로 그랬는지도 알지 못하고요.

암각화, 바위에 새긴 역사 ──●

사냥을 생업으로 삼는 사회에서 가장 큰 관심사는 사냥 대상이 되는 짐승의 번식이에요. 한 철, 혹은 한 해에 사냥하는 수 이상으로 그 짐승의 번식이 이루어지지 않는다면 곤란하니까요. 짐승 수가 줄면 사냥 반경을 넓히거나 사냥터를 옮겨야 해요. 그렇지만 사냥 집단이 여럿이라면 한 사회의 사냥 영역은 제한되죠. 각기 자기 영역 안에서만 사냥할 수 있어요. 한 사회의 존립을 걸고 폭력적인 수단으로 이웃의 영역을 통합하려는 시도는 마지막 수단일 수밖에 없어요. 이미 설정된 생활 영역 안에서 사는 수밖에 없는 거예요.

이런 사실을 고려하면 천전리 각석에 새겨진 한 쌍의 짐승들은 그 짐승의 번식이 제대로 이루어지기 바라는 간절한 소망의 표현이라고 할 수 있어요. 물론 짐승의 번식이라는, 어쩌면 일상적이면서도 특별한 현상은 신성한 힘이 개입되지 않는 한 온전하게 실현되기 어렵죠. 동물의 주인, 자연의 질서를 관장하는 신이 있다면 그가 사람과 짐승의 삶에 은혜를 내려야만 가능한 거예요."

"동물의 주인이라는 게 정말 있기는 한 건가요?"

태섭이 수긍이 안 간다는 표정을 지으며 인수의 말을 끊는다. 인수가 그 틈에 보리차를 한 컵 더 따라 마신다. 목이 좀 말랐나 보다.

"세계 각국의 고대 신화에는 사냥의 신이 나와요. 여신일 경우가 많죠. 이 신은 본래 동물의 주主로 불렸던 자연 질서의 신이에요. 짐승에게 생명을 주고 거두어가던 신이었다가 생명을 거두는 기능만 남겨진 신이죠. 그리스 신화의 여신 아르테미스가 그런 신들 가운데 하나고요. 대표선수 비슷하죠. 역사 이전에 성립한, 최소한 신석기시대로까지 거슬러 올라갈 수 있는, 그런 시기의 생명과 죽음의 신은 여신인 경우가 많아요. 사냥의 신이면서도 짐승들에게 둘러싸인 모습으로 그려지는 여신 아르테미스에게서도 그런 생명과 죽음의 주관자로서 옛 모습이 남아 있다고 할 수 있죠.

천전리 각석에 짐승들이 쌍으로, 혹은 무리 지어 새겨지고 활을 든 남자가 우두커니 서 있는 모습으로 묘사될 때에도 사냥꾼들을 돕고, 짐승 무리도 지켜주는 짐승 세계의 주인, 짐승과 사람의 삶과 죽음에 관여하는 신은 있었을 거예요. 그 신의 이름이 무엇인지, 어떤 이들에 의해 어떻게 숭배받았는지 알 수 없지만, 틀림없이 있었을 거예요. 지금 남겨진 건 천전리 각석의 점 쪼기 짐승과 사람뿐이지만 말이에요."

"그렇게 점으로 찍어 그린 짐승들이 바위에 가득했었다면 기하문 새긴 사람들은 그걸 무시하고 그 위에 새로운 무늬를 냈다는 거잖아요? 그래도 되는 건가요?"

수진이 이해할 수 없다는 듯 질문 비슷하게 말을 던진다. 자연스레 이야기가 바위에 새겨진 기하문으로 옮겨간다고 할까? 인수가 자기도 질문을 던지는 식으로 이야기를 이어간다.

"천전리 각석에 기하문을 새겨 넣은 사람들은 자신들이 훼손한 점 쪼기 짐승을 새긴 사람들과 어떤 관련이 있을까요? 자신들이 새로 기하문을 새기면서 바위 면에 새겨진 점 쪼기 짐승들을 뭉개 없애고 있다는 사실을 알고 있었을까요? 그걸 의식했을까요?

얕게 쪼아진 짐승들이 바위 가장자리 곳곳에 남아 있는 거로 보아 기하문을 새긴 사람들은 자기들이 바위를 찾아오기 전 바위에 새겨진 형상을 거의 의식하지 않았던 것 같아요. 점 쪼기 짐승을 남긴 사람들과 기하문을 새긴 사람들은 서로를 알지 못했다는 거죠. 새김 기법과 새긴 형상이 아예 서로 다르니 두 집단 사이에는 시간적 거리도 있고 생활방식에서도 차이점이 뚜렷했다고 보아야 할 거예요.

천전리 각석 기하문의 비밀

다들 보았듯이 천전리 각석 기하문 중에는 동심원과 겹마름모가 많아요. 겹마름모와 동심원은 독립적으로 묘사되기도 하고 여럿이 이어져 있기도 하죠. 두 유형이 서로 섞이며 잇대어 있기도 하고요. 겹마름모와 동심원은 유럽과 중근동 신석기문화 유적에서도 쉽게 발견할 수 있어요. 이런 무늬가 토기에 장식된 경우도 많고요. 보통 이런 무늬는 땅과 하늘, 구름과 여성 성기, 하늘 여신을 나타낸 거로 이해돼요. 천전리 각석의 겹마름모도 땅을 형상화한 것일 수 있어요. 동심원을 높고 높은 하늘의 표현으로 보는 건, 전 세계적이니까 더 말할 것도 없고요.

천전리 각석 암각화 기하문 중에는 한가운데에 세로 선이 길게 그어진 동심원 비슷한 무늬가 있고, 마름모에 가까운 겹동그라미

안이 세로 선에 의해 둘로 나뉜 것, 약간 긴 타원에 가까운 동그라미에 세로 선이 길게 그어진 것이 있어요. 아마 기억이 날 거예요. 여기 자료집 그림 보면 쉽게 찾을 수 있고요. 아시아와 유럽에서 발견되는 선사시대 유물 장식문 중에도 이런 유형의 기하문이 보이는데, 보통 여성 성기를 나타내는 표현으로 이해돼요. 천전리 각석의 이런 무늬도 여성 성기를 나타냈다고 보는 게 맞다는 생각이 들어요."

인수가 잠시 말을 그친다. 활짝 열어젖힌 식당 문을 통로 삼아

0   50cm   100cm

암각화, 바위에 새긴 역사 ──●

마당에서 들어오는 바람이 싱그럽다. 약속이나 한듯 다들 그 바람에 얼굴과 팔다리를 맡기며 식당 안에 감도는 학구와 한담의 열기를 식힌다. 인수가 말을 잇는다.

"기하문 중에는 하늘로 오르려는 듯한 자세의 뱀을 나타낸 구상적인 그림도 있어요. 아까 그걸 유심히 보며 촬영하는 분도 있더라고요. 간단하게 몇 개의 선으로 물고기를 형상화한 사례도 확인되고요. 선사시대 사람들에게 뱀과 물고기는 관심을 기울일 만한 존재였죠. 다들 짐작하겠지만 생명 관념과 관련이 깊으니까

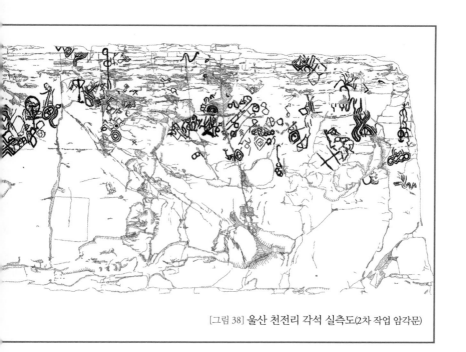

[그림 38] 울산 천전리 각석 실측도(2차 작업 암각문)

요. 성장하면서 껍질을 벗는 뱀은 재생이 가능한 신비한 존재로 인식되었어요. 물속에 살면서 수많은 알을 낳는 물고기는 다산의 능력을 보여주는 생명체였고요. 세계의 많은 사회에서 뱀과 물고기가 숭배와 제의의 대상이 된 것도 이 때문이죠.

천전리 각석의 뱀은 하늘로 올라가려는 모습으로 그려졌어요. 동유럽과 중근동 일부 지역의 오래된 신화에는 땅의 신이 뱀의 모습으로 번개를 타고 천둥소리를 내며 하늘의 여신에게 올라간다는 관념이 있었어요. 이 지역 신화와 유적을 공부하는 신화학자와 고고학자들은 유럽과 중근동의 선사시대 사람들이 번개와 천둥으로 자신을 드러내는 땅의 남신과 하늘의 물을 관장하며 비를 내리는 큰 여신을 숭배하고 제의를 올렸다고 봐요.

이런 거로 보면 천전리 각석에 기하문을 새겨 넣은 사람들은 하늘과 땅, 출산, 재생과 다산 같은 생명 현상에 관심이 깊었다고 할 수 있어요. 세계 다른 지역의 신석기 시대와 청동기 시대 문화나 생활양식, 종교에서 거의 비슷한 관념, 표현이 확인되는 거로 보면 천전리 각석에 기하문을 남긴 사람들은 농사꾼이었을 가능성이 커요. 농경 관련 제의를 치르면서 천전리 각석에 기하문을 새겼을 수 있는 거죠. 기하문 사이에 등장하는 사람, 얼굴만 따로 묘사된 사람, 머리만 크고 몸은 몇 개의 선으로만 처리된 사람은 아마도 이런 제의를 주관하던 사제들인지도 몰라요. 어쩌면 사람과 신 사이를 잇던 정령들이었을 수도 있고요.”

인수의 긴 설명이 끝나자 멤버들 사이에 잠시 침묵이 흐른다.

태섭이 화장실에라도 가는 듯 자리에서 일어선다. 진숙이 뜸을 좀 들이는 약간은 복잡한 표정을 짓더니 말문을 연다.

"전 하는 일이 그래서 그런지 천전리 각석 아래쪽에 가는 선으로 새긴 사람이며 배 같은 것에 더 눈길이 가더라고요. 그 그림들은 누가 새긴 걸까요? 설명문에는 그런 게 있다는 정도고 다른 얘기는 없던데요? 제가 관심이 있어서 이전에 천전리 각석에 대한 문화재청 홈페이지 안내문도 읽어봤는데, 별 얘기가 없더라고요."

진숙이 인수에게 말을 건네는 동안 언제 가져왔는지 자리에 앉아 답사자료집을 뒤적거리던 태섭도 말문을 연다.

"전 그 그림들이 거의 보이지 않던데, 해설사 선생님은 잘 보셨나 봐요? 눈도 좋으세요. 이 자료집에는 그런 그림이 뭉그러져서 뭔지 잘 알 수도 없어요."

수진이 태섭의 말에 동의한다는 듯 고개를 조금 주억거린다. 인수도 태섭 말이 맞다는 듯한 표정을 짓다가 설명을 시작한다.

"여러분이 본 것처럼 얕게 점 찍듯이 쪼아 나타낸 짐승들과 깊고 굵게 새기고 갈아낸 기하문은 주로 햇볕이 잘 드는 천전리 각석 상부에 있죠. 바위가 앞으로 기울어져 해가 들어야 그늘이 겨우 사라지는 바위 아래쪽에는 역사시대 사람들이 남긴 가는 선 그림과 한자 명문이 있어요. 사실 가는 선 그림을 새긴 시기는 알 수 없지만, 이 그림을 남긴 이들이 역사시대의 주인공들인 건 틀림없어요. 화면 속 인물들이 입은 긴 소매 저고리와 바지, 혹은 치마 차림에서도 이런 사실이 잘 드러나고요.

- [그림 39] 울산 천전리 각석 암각문
- [그림 40] 울산 천전리 각석 실측도(2차 작업 중앙부 암각문)

[그림 41] 울산 천전리 각석 깊게 갈아 새긴 다양한 암각문

자료집 그림에 잘 보이지는 않지만, 바위의 남쪽에서 북쪽으로, 그러니까 화면의 왼쪽에서 오른쪽으로 이어지는 좁고 긴 화면에 사람과 짐승, 도구들이 일정한 간격으로 무리를 이루어 각각 현실에서 실제 일어났던 어떤 사건이나 행사의 한 장면인지 알 수 있게 그림이 그려졌어요. 물론 시기는 다 다를 수 있죠. 한 번에 그렸던 것 같지는 않으니까요. 바위 남쪽 끝에 그려진 건 어깨와 엉덩이에 장식을 얹은 말 한 마리, 격자무늬의 통 넓은 바지를 입은 사람이 있어요. 이 사람과 상당한 거리를 두고 머리에 새 깃 장식 모자를 쓰고 아래에 통 넓은 격자무늬 바지 차림의 사람, 사람을 태

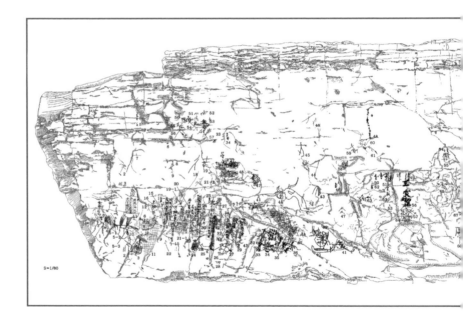

암각화, 바위에 새긴 역사 ──●

우지 않은 말, 평범한 옷차림의 사람이 묘사되었고요. 이들이 첫 번째 행렬이죠. 이 행렬과 다음 행렬 사이는 좀 떨어졌는데, 중간에 있는 바위 면은 껍질이 한 켜 벗겨져 나갔어요.

두 번째 행렬에는 머리 위로 큰 양산이 올려진 사람, 긴 치마를 걸치고 두 팔을 좌우로 넓게 벌린 사람, 기마 인물이 잇달아 그려졌어요. 기마 인물의 어깨 위로 솟은 화살집 같은 건 뭘 나타낸 건지 명확하지 않아요. 이 사람 뒤로 머리카락이 위로 힘 있게 솟은 사람이 말을 탄 채 뒤를 따르죠. 이게 또 하나의 행렬이에요. 이 두 번째 기마행렬 뒤에 크고 작은 배 세 척이 표현되었는데, 혹 울

[그림 42] 울산 천전리 각석 실측도(3차 암각문과 4차 작업 명문)

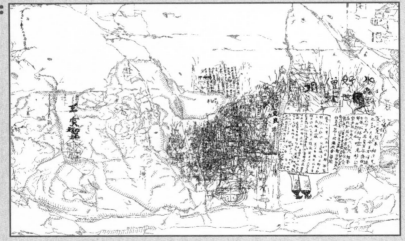

- [그림 43] 울산 천전리 각석 실측도(3차 및 4차 작업 남쪽 암각문)
- •• [그림 44] 울산 천전리 각석 실측도(3차 및 4차 작업 중앙부 암각문)

산만 쪽의 항구가 배경인지도 모르겠어요. 대왕암과 감은사가 있는 감포 쪽은 아닌 것 같고요. 기마행렬과 소규모 선단 위로 커다란 용의 머리와 목 부분이 그려졌는데, 행렬이나 배와는 관련이 없는 것 같아요.

조금만 더 볼까요? 바위의 남쪽과 북쪽 사이의 가운데 부분 그림은 그 위로 그은 무질서한 선들에 덮였거나 나중에 새겨진 명문으로 상당 부분 훼손되었어요. 가운데 화면 남쪽에 정면을 향해 두 팔과 두 다리를 활짝 편 채 선 사람, 물이 소용돌이치는 못 위에서 하늘로 솟구치는 용, 엎드린 용—이건 악어처럼 보이죠?, 간결한 선으로 그려진 말 그림은 수많은 선에 의해 반쯤 덮여 있어요. 화면 북쪽에 통 넓은 바지 차림의 귀족과 말 한 마리가 그려졌지만, 원명과 추명이라는 긴 명문 때문에 귀족의 머리와 몸, 말의 몸통 아래쪽과 세 다리는 없어졌어요.

바위의 북쪽 그림도 일부는 그 위로 무질서하게 그어진 선에 의해 덮였어요. 구조가 비교적 단순한 배 여러 척과 솟대처럼 표현된 막대, 여러 마리의 새는 형상만 간신히 읽어낼 수 있는 정도죠. 머리가 큰 인물의 정면상, 앞으로 나아가는 자세의 가늘고 긴 몸의 용, 행렬을 이룬 인물들은 덧그려진 선이 많지 않아 그래도 형상이 잘 남아 있는 편이에요."

말을 그치고 잠시 숨을 고른 인수가 설명을 계속한다.

"기마인물이나 용이 등장하는 가는 선 그림들이 역사시대의 작품인 것은 확실해요. 하지만 그림이 그려진 시기를 짚어내기는 정말 어려워요. 어떤 분들은 그림 위에 새겨진 명문과 관련 있지 않을까 생각하기도 하지만, 역시 뚜렷한 근거는 없어요. 행렬을 그린 사람들이 그 위에 명문까지 새겨 넣었는지도 판단하기 쉽지 않아요. 명문 내용대로 그렸다면 몰라도요. 그렇지만 그렇게 볼 수 있는 건 없어요. 삼국시대의 신라인지, 통일신라시대인지, 아니면 신라가 삼한시대의 진한 소국 연맹체의 한 나라이던 사로국 시절의 작품인지, 그도 아니면 이런 여러 시대의 작품이 얽히고 섥켜 있는지 알기 어려워요. 우리가 그림을 통해 알 수 있는 건 그걸 그린 사람들이 입었던 옷, 이들이 사용하던 도구의 형태, 기마용으로 쓰던 말의 모습, 그림을 그린 사람들이 상상하던 용의 형상 정도죠."

"그럼, 알 수 있는 게 하나도 없는 거네요?"

수진은 이해가 좀 안 간다는 눈초리다. 약간은 어색한 분위기를 바꾸려는 듯 태섭이 말을 꺼낸다.

"선생님, 저 천전리 각석과는 직접 관련 없는 건데요. 각석 건너편 바위 위에서 봤던 공룡 발자국이 처음 갔던 반구대 암각화 앞 대곡천 바닥에도 찍혀 있다는데 사실인가요?"

"그럼 반구대 바위니 천전리 각석에 사람들이 오기 훨씬 전에는 여기가 공룡들의 놀이터였다는 거네요. 재밌는데요."

수진이 자못 흥미롭다는 듯 태섭의 말에 눈이 동그래진다. '공룡'이라는 말에 진숙도 관심이 있다는 표정을 짓는다. 인수가 천전리 각석에 대한 설명을 마치려는 듯 명문 이야기를 꺼낸다.

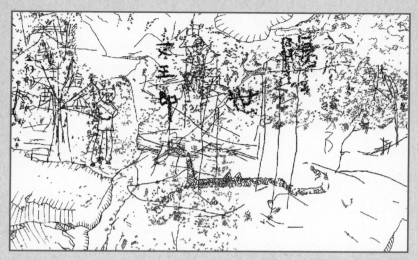

[그림 45] 울산 천전리 각석 실측도
(3차 및 4차 작업 북쪽 암각문 일부: 머리가 큰 인물의 정면상과 앞으로 나아가는 용)

[그림 46] 울산 천전리 너럭바위 공룡 발자국 화석 자리

"자, 다들 명문에는 관심이 없는 모양인데, 역사학자들은 천전리 각석 하면 신라시대 명문을 머리에 떠올려요. 여기 이 자료집에도 명문이 소개되었지만, 역사 스토리텔링에 이 자료만큼 흥미로운 건 없어요. 박진숙 선생은 문화유산 해설사니까, 참고로 좀 알아두는 것도 좋을 거예요. 스토리텔링에도 도움이 되고."

스토리텔링 운운하자 진숙이 새삼 자세를 고쳐 앉으며 경청할 준비를 한다.

천전리의 방문객, 원명과 추명

"천전리 각석에 새겨진 253개의 명문 가운데 가장 널리 알려진 건 원명과 추명이에요. 원명은 525년 신라 법흥왕의 동생 사부지 갈문왕이 천전리 각석 바위가 있는 이곳에 다녀갔음을 기록으로 남긴 거예요. 신라 왕가 사람들이 왕경 끝자락에 있던 깊은 골짜기의 신성한 바위와 특별한 관계를 맺었음을 잘 보여준다는 점에서 정말 중요한 역사 자료죠. 원명 내용은 여기 이 자료집에 있는 걸 참조하면 돼요.

> 을사년乙巳年(525년, 법흥왕 12)⋯⋯에 사탁부의 갈문왕께서 찾아 놀러 오셔서 처음으로 골짜기를 보시게 되었다. 옛날부터 이름이 없던 골짜기였는데, 좋은 돌을 얻어 쓸[書記] 수 있게 되니 이

름 짓기를 서석곡書石谷이라 하시고 글자를 적게 하셨다. 함께 놀러온 사랑스런 여동생[友妹]은 성스런 덕이 빛처럼 오묘하신[聖德光妙] 어사추녀랑왕於史鄒女郎王이시다. 고기를 잡은 이[□ 多煞作□ (功?)人]는 사리부지尒利夫智 나마奈麻와 실득사지悉得斯智 대사제지大舍帝智이며, 음식을 만든 이[□作食人]는 □□지(□□智) 일길간지(壹?吉干支)의 처妻 □거?지시해부인(□居?知尸奚夫人) 과 □진?육지(□眞?宍智) 사간지沙干支의 처妻인 아교?모홍부인(阿 巧?牟弘夫人)이다. 글을 쓴 사람[作書人]은 모모이지慕慕尒智 대사 제지大舍帝智이다.

흥미로운 건 신라 왕가의 사람들이 525년으로부터 14년이 흐 른 뒤, 곧 539년에 한 번 더 서석곡을 찾아와 원명 곁에 추명을 새 기고 떠난다는 사실이에요. 사람들을 거느리고 두 번째로 천전리 의 신성한 바위를 찾아온 이는 사부지 갈문왕이 아니에요. 사부 지 갈문왕은 537년에 세상을 떠나니까요. 그의 왕비 지몰시혜비 와 그들 사이에 난 아들 심맥부지가 이곳에 온 거예요. 심맥부지 는 나중에 진흥왕으로 즉위하는데, 너무 어려서 어머니 지몰시혜 비가 섭정을 하죠. 《삼국사기》에는 이분이 지소부인으로 나와요. 추명 번역문은 여기 자료집에 있어요.

지나간 을사년乙巳年(525년) 6월 18일 새벽에 사탁부의 사부지 갈문왕徙夫知葛文王과 왕의 여동생 어사추녀랑왕於史鄒女郎王

이 함께 놀러 오신 이후 □□십팔十八□□이 지나갔다. 매왕妹
王을 생각하니 매왕은 돌아간 사람이라, 정사년丁巳年(537년,
법흥왕 24)에는 왕도 돌아가시니, 왕비인 지몰시혜비只沒尸兮妃
가 애달프게 그리워하시다가 을미년己未年(539, 법흥왕 26) 7
월 3일에 그 왕과 누이가 함께 보고 글을 써놓은 돌을 보려고
골짜기에 오셨다. 이때 함께 여러 왕이 오시니, 무즉지태왕另
卽知太王(법흥왕)의 비妃인 부걸?지비(夫乞?支妃)와 사부지왕徙夫
知王(사부지 갈문왕)의 아들[子郞]이신 심□부지(深□夫知)께서 함
께 오셨다. 이때 □작作□□은 닭부의 □례부지(□礼夫知) □간
지(□干支)와 □육지(□六知) 거벌간지居伐干支, □을□□지(□乙
□□知) 나마奈麻이며, 음식을 만든 이[食人]는 진육지眞宍智
파진간지波珎干支의 처인 아□모호부인(何□牟呼夫人)과 □부지
(□夫知) 거벌간지居伐干支의 처인 □리등□부인(□利等□夫人),
□□□□간지干支의 처인 사□부인(沙□□夫人)이 나누어 함
께 지었다.

천전리 각석에 새겨진 가장 오래된 명문은 계사명인데, 물론
새긴 연도를 알 수 있는 걸 기준으로 한 거예요. 453년(눌지 마립간
37)에 새겨진 거예요. 그러니까 사부지 갈문왕이 이 바위를 찾아
오기 아주 오래전부터 신라 왕경 사람들이 여기에 왔다는 거죠.
귀족들은 여기를 알고 있었던 거예요. 추명이 새겨지기 4년 전에
도 여러 불교 승려가 이곳에 와요. 그러니까 535년이죠. 사부지

갈문왕이 죽기 2년 전이죠. 이때 승려들이 새긴 명문이 을묘명이에요. 이 명문에는 '성법흥대왕聖法興大王'이라는 문구가 있어요. 이걸로 528년 불교를 믿을 수 있게 공인한 뒤, 법흥왕이 성법흥대왕으로 불렸다는 걸 알 수 있어요.

진흥왕이 즉위한 뒤로 천전리 각석은 신라 왕실과 귀족, 승려, 화랑 사이에서 성스러운 기운이 흐르는 성소로 여겨진 것 같아요. 사람들이 잇달아 이곳을 찾아오니까요. 명문이 많이 새겨지죠. 새겨진 연도를 알 수 있는 명문 중에 가장 늦은 건 개성명이에요. 통일신라 때, 왕위계승 투쟁이 벌어지던 838년(민애왕 원년)에 새겨졌죠. 명문을 보면 이때 여기 온 사람들은 서석書石을 문암文巖으로 불렀다는 걸 알 수 있어요."

인수가 명문 설명을 마치고 숨을 고르는 동안 진숙은 얼른 식당 한끝으로 가 종이컵에 믹스커피를 타 온다. 인수가 고마운 마음을 드러내며 커피를 마시는데, 수진이 의문스럽다는 듯이 고개를 갸우뚱거리며 질문을 던진다.

"아까 설명 중에 선으로 그린 그림들이 무질서한 선으로 덮이고, 명문 새길 때 쪼아져 나갔다고 했잖아요? 제가 지금 천전리 각석에서 찍었던 사진을 확대해보니까 명문도 쪼아져 알 수 없게 된 부분이 있는데요? 이런 건 왜 이래요? 언제, 누가 그런 거죠?"

수진이 제 작은 배낭에서 꺼낸 태블릿 PC의 사진을 모두에게 보여주며 의문을 제기한다. 함께 사진을 보던 인수가 커피를 한 모금 더 마시고는 설명하기 시작한다.

[그림 47] 울산 천전리 각석 원명과 추명

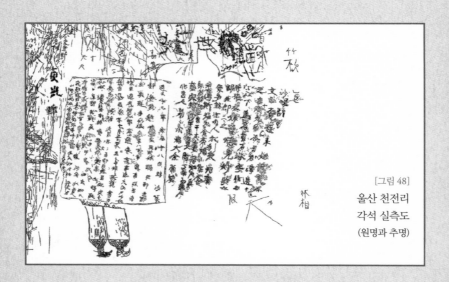

[그림 48]

울산 천전리
각석 실측도
(원명과 추명)

"그래요. 천전리 각석에 새겨진 유명한 명문 원명과 추명도 누군가의 손으로 글자 하나하나가 쪼아졌어요. 왕가 사람들이 와 새긴 명문이 훼손된 것이죠. 이전에 원명과 추명이 바위 면에 새겨질 때도 그전에 새겨졌던 귀족과 말이 훼손된 거고요. 어떤 이유에서일까요? 왜 이전에 새겨진 그림을 훼손하며 새 글자를 새기고, 왕가의 사람들이 다녀갔다는 무게 있는 기록마저 망가뜨린 것일까요? 천전리 각석의 가는 선 그림이나 명문들이 그 위에 무질서하게 그어진 선들로 가려지거나 알아보기 어렵게 된 건 왜일까요? 누가 이런 식으로 역사의 증언을 덮은 것일까요?

바위가 인간의 가장 오랜 친구라는 사실을 기억하는 사람은 많지 않아요. 오히려 이런 사실을 낯설게 여기거나 아예 인정하지 않는 이들이 많을 수 있죠. 그러나 구석기시대니, 신석기시대니, 인간이 문명을 꾸려온 대부분의 시기가 돌로 만든 도구의 시대인 데서 알 수 있듯이 오랜 시간 사람은 돌로 만든 도구에 의지하며 살았어요. 오히려 돌과 사람이 떨어져 있던 시기가 극히 짧다고 할까요?

사실 돌로 만든 도구는 바위가 제 몸 일부를 떼어준 거나 마찬가지예요. 사람이 자기도 모르게 바위에 친근감을 느끼는 것도 이 때문이겠지요. 구석기시대와 신석기시대에 돌로 만든 도구만큼 사람이 애지중지한 물건이 어디 있겠어요? 석기시대에 돌로 만든 도구는 전천후 만능 도깨비방망이와 비슷했다고 할 수 있어요.

신석기시대의 사람들은 도끼나 칼로 만들어 쓸 수 있는 좋은 돌을 얻기 위해 천지사방을 돌아다녔을 거예요. 돌 때문에 먼 거리에 사는 사람들과 물물교환식 무역을 시도하기도 했고요. 가볍고 단단한 돌이 나는 곳에 사는 사람들은 그런 돌을 캐내는 일을 생업으로 삼기도 했겠죠. 좋은 돌덩어리 하나로 쓸모 있는 짐승 가죽과 고기, 덩이뿌리와 열매를 큰 자루 하나 가득 얻을 수 있다면 이를 마다할 이가 어디 있겠어요?"

인수가 늘어놓는 돌 이야기가 재미있는지 세 사람 누구도 딴전을 피우지 않는다. 중간중간 커피만 홀짝거릴 뿐이다. 인수가 이야기를 잇는다.

"흑요석은 가볍고 날카롭고 단단해요. 화산지대에서만 나는 이 돌은 중석기시대의 대표적인 장거리 무역품이었어요. 우리나라에서는 설정할지 말지 아직 확실치 않지만, 구석기시대와 신석기시대 사이가 중석기시대예요. 중석기시대는 정교하게 다듬은 작고 날카로운 석제 도구를 쓰던 시기를 말해요. 예를 들면 흑요석으로 만든 칼이나 화살촉 같은 거요. 그런데 이 흑요석은 화산석이어서 아무 데서나 구할 수 있는 게 아니었죠. 만일 누군가 흑요석으로 무언가 만들어 쓰려 한다면 장거리 무역으로 구하는 수밖에 없었겠지요.

이 흑요석의 경우처럼 나무나 뼈가 아니라 좋은 돌이 도구 만드는 가장 긴요한 재료였던 시기에 바위가 신앙의 대상이 되는 건 자연스러운 일 아니겠어요? 지금도 기암괴석으로 가득한 바위산이나 바위 절벽을 지나다가 그 앞에 서서 고개 숙이며 두 손 모아

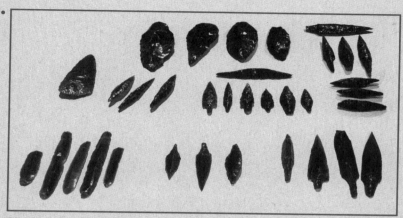

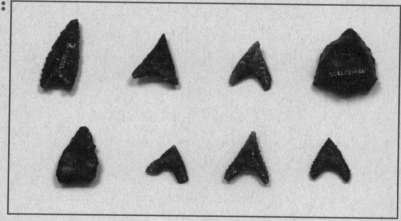

● [그림 49] 흑요석제 도구(터키 아나톨리아문명박물관)
●● [그림 50] 흑요석제 도구(통영 연대도, 부산 동삼동 패총 출토)

뭔가를 비는 사람들을 볼 수 있잖아요? 이런 모습도 기원이 오랜 바위 신앙 때문이 아니겠어요? 인공지능과 드론, 3D프린팅의 시대에 말이에요."

인공지능 운운하자 상대적으로 젊은 태섭과 수진이 정말 그렇다는 듯 고개를 끄덕인다. 인수가 말을 잇는다.

"세계사적으로 신석기시대 후기는 거석 문명의 시대예요. 어떤 지역에서는 청동기시대를 거석 문명의 시대라고 하지만 말이에요. 토기가 만들어지고, 농경과 목축이 시작되어 식량 생산이란 게 가능해진 이때가 종교사적으로는 바위 신앙이 극성을 부리던 시대거든요. 신석기 혁명이라는 말에 바위 신앙이 포함되어 있지는 않지만, 신석기시대 후기는 바위 신앙에서 비롯된 스토리텔링이 가장 활발했던 시기였다고 할 수 있어요.

인간이 바위에 말 걸고, 바위가 말하던 시대인 거죠! 바위를 신의 뼈이자 몸으로 여겼던 시기이기도 하고요. 아마 이 시기에 바위를 주인공으로 삼은 스토리텔링은 풍부하다 못해 넘쳐났을 거예요. 사람들은 생명의 온전한 회귀, 죽은 이가 새 생명으로 태어나는 재생을 꿈꾸며 돌로 바위를 뚫어 신전을 만들었어요. 그런 신전 안에 죽은 이를 묻기도 하고요. 돌로 무덤을 만드는 관습은 아마 이때 시작되었을 거예요."

진숙이 '정말, 그렇네!' 하는 표정을 짓는다. 인수의 말이 계속된다.

바위는 신앙의 대상이기도 했다

"바위가 신앙의 대상이 되었을 때, 사람이 바위에 말 걸고 바위 신에게 뭔가를 간절히 희구하며 기도하는 방식은 다양했던 것 같아요. 근래까지의 바위 민속 보고 사례로 알 수 있죠. 바위 앞에서 절하며 빌기, 바위를 안고 몸 비비기, 그런 것도 있고 바위 앞에서 제 몸에 상처를 내며 빌기도 했겠죠. 그런 자해행위는 종교적으로는 자신을 희생해 신에게 바치는 거라고 할 수 있어요. 심지어 바위에 손을 대는 사람도 있었겠죠. 신성한 존재의 옷자락 잡듯이 말이에요.

암각화는 바위에 돌을 대고 문지르거나 그어가며 기도를 하다가 남겨진 걸 거예요. 그게 시작이겠죠. 사람들이 바위에 작은 구멍이 날 때까지 문지르기를 계속했다면 성혈Cup mark이라 불리는 흔적이 남게 되는 거예요. 만일 특정한 형상을 의도하여 새기는 수준으로 바위에 생채기를 냈다면 천전리 각석에 보이는 기하문과 같은 것이 생길 거고요. 바위에 상처를 내는 건 잠들어 있는, 대답하지 않는 신을 흔들어 깨우는 거나 비슷해요. 고대에는 신도 사람처럼 쉬면서 잠에 빠지기도 한다고 보았으니까요.

바위 위의 선들은 삼국시대와 통일신라시대, 이후 이어지는 고려시대와 조선시대에 평범한 남녀들에 의해 그어진 것 같아요. 민간 바위 신앙의 흔적이죠. 귀족과 승려, 화랑은 문자를 아니까 바위에 한자 명문을 새길 수 있지만, 무지렁이 백성이 뭔가 빌려

- [그림 51] 포항 강사리 바위구멍 암각화
- • [그림 52] 이천 수하리 바위구멍 암각화

고 천전리 각석같이 성스러운 바위를 찾아왔다면 그들이 어떻게 하겠어요. 그냥 빌기만 했다면 기도한 흔적은 전혀 남지 않겠죠. 바위에 선을 그으며 빌었다면 무질서한 선이 수없이 남겠죠. 바위에 빌고, 또 빌며 이미 기하문으로 남은 굵고 깊은 선에 깊이를 더했을 수도 있고요. 역사시대의 가는 선 그림이며 명문 위에 수없이 많은 선을 그을 수도 있겠죠."

인수가 말을 멈추고 컵에 남은 커피를 마저 홀짝 마신다. 그러더니 말을 잇는다. 셋은 가만히 인수의 말에 귀 기울이고 있다.

"이미 새겨지고 그려졌던 어떤 형상을 갈아 없애는 건 바위에 새겨지면서 새긴 이가 지니게 되었던 주술적 힘을 잃게 하기 위해서일 수도 있어요. 이미 있던 형상 위에 새 글을 새긴다면 바위로부터 새로운 주술적 힘을 얻을 수 있다고 믿어서일 거예요. 그런데 이렇게 새겨진 글을 쪼아낸다는 건 어떤 의미를 지닐까요? 아마 글자 한 자 한 자가 지니게 된 힘을 쪼아낸 자가 받기 위해서일 거예요.

문자가 발명된 뒤 생겨난 새로운 믿음 가운데 하나는 문자가 지닌 주술적인 힘이었어요. 중국의 오랜 신화에 눈이 넷 달린 창힐이라는 인물이 문자를 발명하자 하늘이 곡식을 뿌리고 귀신들은 밤새 울었다는 이야기가 있어요. 한나라의 고유라는 사람은 이 이야기가 사람들이 농사를 버리고 문자를 아는 데 몰두할까 봐 하늘이 곡식을 내렸고, 문자로 중상모략을 당하거나 탄핵받을까 봐 귀신들은 두려워했기 때문이라고 해석했어요.

[그림 53]
천전리 각석 실측도
(어지럽게 그어진 선)

[그림 54]
울산 천전리 각석
(쪼아낸 명문)

확실한 건 문자가 지니는 힘을 두려워하게 되면서 사람들은 문자에 신비한 힘이 깃들어 있다는 믿음도 가지게 되었다는 거예요. 역사적으로 지배층은 문자에 익숙하고 피지배층은 문자에 무지했어요. 민간의 평범한 백성이 문자의 힘을 두려워한 건 어쩌면 당연하다고 할 수 있죠. 시간이 흐르면서 이런 믿음이 귀족과 사제들에게도 전파되었을 수 있어요. 이런 믿음을 이용하게 되었을 수도 있고요. 어쩌면 귀족과 사제들이 이런 믿음을 만들어내 민간에 전파했는지도 모르지요.

　어떻든 문자가 신비한 힘을 지닌다고 믿게 되었다면 이를 둘러싸고 다양한 주술행위가 고안되어 행해지는 건 자연스러운 과정이죠. 천전리 각석에 새겨진 원명과 추명을 쪼아낸 것도 이런 문자 신앙 때문이었을 가능성이 커요. 법흥왕이 불교를 공인하고, 뒤를 이은 진흥왕이 알지의 자손 김씨 가문은 석가모니 붓다 씨족에서 비롯되었다며 성골聖骨 진종설眞宗說을 주장했다면, 이전에는 같은 진골이었는데, '이제 와 이게 무슨 말이래?' 하며 불만을 품은 귀족 가문도 생겼을 수 있죠. 이런 귀족 가문의 누군가가 나서서 천전리 각석의 원명과 추명의 한자를 하나하나 쪼아냈을 수 있어요. 원명과 추명 이전에 바위에 새겨졌던 귀족의 후예가 정치적 힘을 회복하려고 명문의 글자를 쪼아냈을 수도 있고요."

　인수가 말을 더 이으려 앉은 자세를 고쳐 잡는데, 인수네와 조금 떨어진 다른 무리에서 말을 나누던 성오재 주인장 최 선생이 자리에서 일어서며 손뼉을 쳐 좌중의 주의를 끌어모은다.

"자, 다들 이야기 삼매경인데, 미안합니다만 시간도 좀 되었는지라 이 자리는 공식적으로 여기서 마치겠습니다. 이야기 더 나누실 분은 여기 그냥 계시고, '아이고, 이젠 쉬어야겠다' 하시는 분은 아까 제가 말씀드린 대로 배정된 방으로 가셔도 됩니다. 엉덩이가 따끈따끈하게 방을 잘 데워놨으니까 편안히 들어가 쉬세요. 내일 아침은 여기서 7시에 식사하실 수 있도록 준비하겠습니다. 오늘 다들 수고하셨습니다. 자, 서로를 위해 박수~."

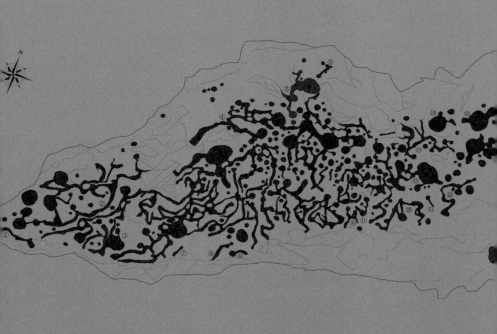

03

풍요를 꿈꾸며 새긴
바위그림

'답사는 즐거워' 밴드 팀의 둘째 날 첫 답사지는 경주 석장동 금장대 암각화다. 금장대는 형산강 변 바위 절벽 위에 세워진 까닭에 오래전부터 지역 명소로 꼽히는 곳이다. 그러나 일행을 인도하는 최 선생의 발길은 금장대 바로 아래 커다란 바위로 향한다. 금장대 쪽에서는 관광객 몇이 기념사진을 찍으며 깔깔거리고 있지만, 이 별난 그룹은 별 특징도 없어 보이는 바위 앞에 모여 사진도 찍고 뭔가 열심히 들여다보기도 하면서 저희끼리 두런거린다.

오랜 기간 풍우에 시달린 탓일까? 금장대 바위의 암각화는 선이 얇고 때로 모호하게 뭉그러진 것이 오히려 많다. 엊저녁 인수 곁과 앞에 앉아 질문 공세를 퍼부었던 수진, 태섭, 진숙 등은 병아리가 암탉 주변을 맴돌듯 인수 곁을 떠나지 않는다. 각기 수첩이며 태블릿 PC를 꺼내 들고 사진 찍고 스케치하고 메모하느라 정

[그림 55] 경주 금장대 암각화

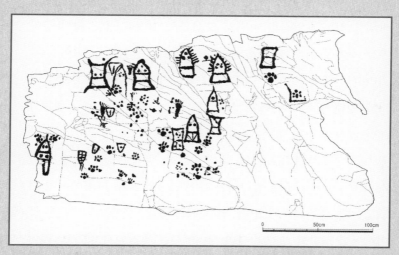

[그림 56] 경주 금장대 암각화 실측도

신이 없더니 약속이나 한 것처럼 일제히 고개를 인수 쪽으로 돌린다. 암각화를 보며 골똘히 뭔가 생각하고 있던 인수가 저를 향한 눈길을 느끼고 고개를 돌리자 기다렸다는 듯 태섭이 말을 건넨다.

"선생님, 이 바위에 새긴 무늬들은 어제 못 본 건데요. 이건 뭔가요? 언젠가 서울의 민속박물관에서 보니까, 옛날 어르신들 쓰던 실 감는 판 비슷한 거, 그래요, 설명 카드에 실패라고 쓰여 있었던 것 같은데, 그거랑 비슷하네요."

한국에서만 발견되는 검파문 암각화

"이런 무늬를 보통 검파문이라고 해요. 이런 무늬가 많이 새겨진 바위를 검파형 암각화 바위라 그러고요. 제 생각에 정확한 용어로는 검파문 암각화로 불러야 하지만, 지금은 다들 검파형 암각화라고 하니까. 여하튼 이런 무늬의 암각화는 주로 경상도와 전라도 일대 암각화 바위에서만 발견돼요. 석검의 손잡이, 청동검이나 철검의 검집, 패형 청동의기를 본뜬 것으로 보면서 각각 다른 이름으로 부르기도 해요. 패형 암각화, 방패형 암각화, 인면 암각화 등등. 이 검파문 암각화는 2019년까지 모두 11곳에서 발견되었는데, 경상북도가 10곳, 전라북도가 1곳. 검파문 암각화는 동아시아를 포함한 세계의 다른 지역에서는 발견되지 않아요. 적어도 현재까지는. 그래서 한국형 암각화로 부르자는 분도 있어요.

　　　　　　　　　　암각화, 바위에 새긴 역사　──●

[그림 57] 고령 장기리 암각화

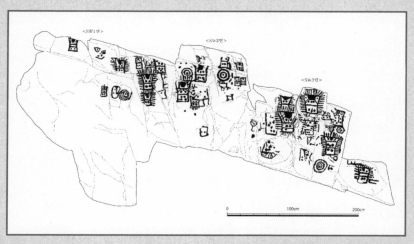

[그림 58] 고령 장기리 암각화 실측도

이 검파문 암각화는 1971년 경상북도 고령 양전동 알터마을에서 처음 발견되었어요. 고령은 삼국시대에 대가야가 세워진 곳이죠. 암각화가 발견된 알터바위는 대가야의 시조 신화와도 관련이 있어서 사람들의 주목을 받았어요. 가야 산신 정견모주政見母主가 이 알터바위에서 두 개의 알을 낳았다는 거예요. 두 개의 알에서 나온 두 아기 뇌질주일惱窒朱日과 뇌질청예惱窒青裔가 각각 고령 대가야와 김해 금관가야를 세웠답니다. 알터바위 앞으로는 본래 낙동강의 지류인 회천이 흘렀어요. 근처에 제방을 쌓으면서 물길이 바위와 떨어지게 되었지만요. 어쨌건 둘째 아기 뇌질청예가 배를 탔는지 알인 채로 떠내려갔는지 알 수 없지만, 김해까지 내려가서 금관가야를 세운 거죠.

알터바위에는 돌로 갈아 알 모양으로 구멍을 낸 성혈이 다수 남아 있어요. 이런 걸 보통 바위구멍이라고 그러지요. 아마 이 바위구멍들 때문에 알터바위로 불리게 된 것 같아요. 알터바위에는 37개의 검파문이 남아 있어요. 이외에 동심원문과 여성 성기를 따로 형상화한 암각문, 동물 발자국 무늬도 남아 있고요.

1989년에는 포항 칠포리 곤륜산 북서쪽과 동쪽 계곡 일대, 칠포리 마을 뒤 구릉지 바위에서 44개의 검파문이 발견되었어요. 10개의 커다란 바위에서 발견되었는데, 검파문 외에 석검, 여성 성기, 동물 발자국을 형상화한 암각문도 확인되었지요. 조사된 검파문은 모두 굵고 깊게 새기고 갈아낸 선으로 형상된 거예요. 우리 다음 코스가 바로 포항 칠포리에 있는 암각화 바위들입니다.

암각화, 바위에 새긴 역사　⬤

[그림 59] 포항 칠포리 암각화 I 지구 바위 1

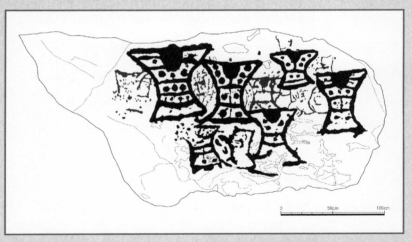

[그림 60] 포항 칠포리 암각화 I 지구 바위 1 실측도

여러분이 지금 보는 이 경주 형산강 변의 금장대 바위 검파문은 1994년 발견되었어요. 여러분이 아직 세어보지는 않았을 거예요. 이 바위에서 조사자들이 확인한 검파문이 12점 정도 돼요. 이외에 여기 보이는 것처럼 석검이나 여성 성기, 동물 발자국을 나타낸 암각문도 있어요. 희미해진 것도 적지 않은데, 이 금장대 암각화 바위에서 발견된 암각문은 1점의 마애불을 포함하여 모두 100점 정도예요."

수진이 참 이상하다는 듯이 고개를 갸우뚱거리며 말한다.

"이런 무늬가 많이 나온다면서 이름이 정해지지 않았다는 게 이상하네요. 이거 공부하는 사람들은 다 제 주장만 하나 봐요. 여하튼 그중 검파형 암각문이라 부르는 사람이 많다니, 저도 일단 검파형 암각문이라고 부를게요. 이런 무늬는 언제 건가요? 저기 안내문에 청동기시대라고 해놓기는 했지만, 문투로 보아서는 추정인 것 같고요. 선생님은 언제 거라고 보시는 거예요? 이런 무늬가 여기 경상도 쪽에서 자주 발견되는 이유는 또 뭐고요? 경상도 하고 도대체 무슨 관련이 있는 거예요? 전라도건 어떤 거고요?"

'에고, 무슨 질문이 이렇게 많나? 답하다가 하루가 가겠다.' 인수가 속으로 웅얼거리며 답한다.

"전라도의 검파문 암각화 바위는 1993년 발견되었어요. 남원에서요. 대곡리 상대마을 앞에 솟아 있는 산봉우리 정상부에서 발견되었죠. 봉황대로 불리는 이 봉우리 꼭대기 편평한 대지 위에 크고 작은 바위 여럿이 무리 지어 있는데, 남서쪽의 두 바위에서 암각화가 확인되었죠. 두 바위에는 성혈로 불리는 바위구멍들도 있었어요. 윷판문 암각화도 함께 있고요. 봉황대 남서쪽으로는 대곡천이 흐르죠. 어제 갔던 반구대 암각화 앞을 흐르는 대곡천과 이름이 같지요.

경상북도와 전라북도에서 발견된 검파문 암각화 바위 앞으로는 내나 개울이 흘러요. 보통 어느 정도 깊은 산기슭이나 봉우리, 골짜기에서 발견되니까, 그 앞으로 강이 아니라 강의 지류인 내가 흐르죠. 무슨 동천이니, 서천이니, 남대천이니 하는 그런 폭이 좁은 강 말이에요. 어제 우리가 가 본 울산 대곡리 반구대 암각화와 천전리 각석 암각화는 아예 물길 곁에 있고요. 암각화가 물길

[그림 61]
남원 대곡리 봉황대 암각화 바위 2

과 떼려야 뗄 수 없는 관계라는 걸 이런 사실로 미루어 짐작할 수 있죠. 어떤 연구자는 이를 근거로 암각화는 기우제를 지내면서 새겼을 것이라는 의견도 내놓았어요.

검파문 암각화의 기원은 여전히 오리무중이에요. 불리는 이름대로 검파문이 청동검이나 철검의 검집, 검손잡이를 모델로 디자인되고 새겨졌다면 '검을 담는 집'에 투영된 성 관념에서 비롯되었을 수 있어요. 검은 남성, 검집은 여성으로 상정할 수 있는 거죠. 광주 신창동 초기 철기시대 저습지 유적에서 목검이 발견되었는데, 물길에 거꾸로 꽂혀 있었어요. 물길을 여신의 몸으로 상정하고 남녀 신들 사이의 상징적인 성행위를 의도한 거죠. 논농사와 관련 있는 유적이니까, 이런 의례를 하면 신들이 기뻐하며 곡식 수확을 크게 늘려줄 거라고 본 거예요. 검이 남성의 성기를 상징한 거라고 봐야 해요. 국내 암각화 바위에 새겨진 석검, 혹은 청동검에도 이런 의미가 담겨 있을 거예요. 그렇다면 석검이든, 쇠검이든, 검을 담는 검집이 여성의 성기를 상징할 가능성도 크다고 할 수 있어요. 암각화 바위가 물 곁에 있는 것도 농경의례와 관련하여 성적 의미를 지닐 수 있는 거죠. 연구자들은 검파문 암각화는 청동기시대에 만들어진 것으로 봐요. 검파문 암각화와 관련이 깊은 검문이 청동기시대 고인돌 뚜껑돌에서 자주 발견되거든요. 나도 의견은 같아요."

진숙이 인수의 말을 거들려는 듯이 곁에서 인수의 말을 잇는다. 문화유산 해설사로서의 경력이랄까, 나름의 역사문화 스토리

암각화, 바위에 새긴 역사 ━━●

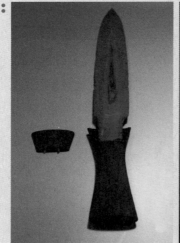

• [그림 62] 대전 괴정동 출토 검파형 청동기
•• [그림 63] 보성 죽산리 출토 석검과 검손잡이
••• [그림 64] 창원 다호리 출토 검과 검집

103

텔링 실력을 내비친다고 할까?

"제가 보기에도 영남 지역은 일찍부터 다른 지역과 문화적으로 좀 달랐던 것 같아요. 사실 말투도 많이 다르잖아요. 영남에는 고유의 청동기문화가 있었던 거지요. 지금의 경상북도 각 시군도 삼한시대 진한 12국에서 시작되었다고 보아도 될 것 같고요. 그 시대에 청동검을 휘두르며 이웃 나라와 전쟁을 벌일 때에 반드시 이기게 해달라고 바위 앞에서 제사 지내고 빌면서 이런 걸 새긴 거 아닐까요? 경주 사로국의 조상들도 이 금장대 바위에 암각화를 새기면서 경산이니 영천이니 이웃에 있던 나라를 정복할 수 있게 해달라고 빌었던 게 틀림없어요. 보세요. 여기 암각화 한쪽에 새겨진 부처님도 소원 빌던 사람들이 새긴 거 아닐까요? 언젠지는 모르겠지만 아마 신라시대겠죠. 어때요, 수진 씨, 내 말이 그럴 듯하지 않아요? 태섭 씨는 어떻게 생각해요?"

금장대에서 너무 많은 시간을 보냈다고 생각했는지, 최 선생이 조금은 재촉하며 일행을 차에 오르게 한다. 차는 석장동에서 멀지 않은 서악동으로 향한다. 서악동 암각화는 거의 알려지지 않았지만, 금장대에서 멀지 않은 곳에 있어 잠깐 들르기에는 적당한 곳이다. 사실 경주 서악동에서 잘 알려진 유적은 무열왕릉과 마애여래삼존상, 서악동고분군 같은 신라시대 유적이다. 그러나 이번 답사의 주제가 암각화 유적인 때문인지 따라온 이들도 굳이 삼국통일의 길을 연 무열왕의 릉에 들르자는 등 다른 말을 하지는 않는다. 다들 서악동 암각화 바위를 이 방향, 저 방향에서 사진 찍

암각화, 바위에 새긴 역사 ──●

[그림 65] 경주 서악동 암각화

[그림 66] 경주 서악동 암각화 실측도

는데, 수진이 인수 곁으로 다가서며 한마디한다.

"선생님, 오히려 이런 작품이 상상력을 더 자극하는 것 같아요. 뭘 그렸는지 잘 모르겠지만요. 온갖 상념이 이 바위에 덧씌워져 있다는 생각이 들어요. 제 새 웹툰에 이 바위에 어린 신라 사람의 희로애락이랄까, 그런 걸 담을까, 어쩔까 하는 생각도 드네요."

모두 다시 차에 오르자 최 선생이 약간 여유를 부리며 말한다.

"시간이 얼추 맞아 들어가네요. 오늘의 주인공 곤륜산 암각화로 갑니다. 다들 기대하세요. 마치면 맛있는 점심도 기다리고 있습니다."

인수 옆에 자리 잡은 수진은 저의 태블릿 PC에 뭔가 그려 넣고 메모하기 바쁘다. 새로운 작품의 아이디어인 듯했다. 인수는 창밖으로 흐르는 푸른 산야를 보다가 졸기 시작한다.

"선생님!" 수진이 속삭이듯 낮지만 또렷한 소리로 인수에게 말을 건넨다.

"어? 어!" 인수가 퍼뜩 졸음에서 깨어난다.

"암각화를 소재로 새 작품을 구상해봤는데요. 어떨지 한 번 들어보세요. 암각화로 새긴 무늬나 짐승 같은 거 말고요. 암각화가 새겨지는 바위를 이야기의 중심에 두는 거예요. 어떻게 보면 바위 신앙이 주인공이 된다고도 할 수 있죠. 사람이나 신이 아니라 신앙에 초점을 맞추는 거죠. 바위가 신도 되고, 신이 사는 곳이기도 하고, 사람과 신이 만나는 두 세계의 문 비슷한 것이기도 하니까. 그럼 바위에 새겨진 건 주문이 되는 거고요."

수진이 잠시 말을 멈추더니 또 태블릿 PC에 뭔가 그려 넣고 쓴다. 인수가 그런 수진의 손놀림을 가만히 보다 속으로 감탄한다. '빠르긴 되게 빠르네.'

수진이 문득 고개를 들고 잠시 눈을 감더니 눈길을 앞으로 한 채, 마치 혼잣말을 하듯이 말을 잇는다.

"그러니까 암각화 바위들이 있는 곳은 두 세상을 잇는 관문이 세워진 곳이죠. 그 검파문인지 하는 것도 주문 기호랄까 그런 거고요. 물론 그런 걸 아무나 읽지는 못하죠. 반지의 제왕에 나오는 회색의 마법사, 아니면 아서왕 이야기에 나오는 마법사 멀린 정도는 돼야겠죠."

수진이 제 아이디어에 스스로 감탄하는 듯이 "흠~" 하더니, 다시 제 태블릿 PC에 무슨 인물 같은 걸 스케치한다. 인수의 눈에 뾰족한 모자가 눈에 들어오는 거로 보아 아마 마법사 캐릭터 같은 건가 보다.

[그림 67] 포항 칠포리 I지구 바위 2 암각화

차가 흥해읍에서 곤륜산 쪽으로 방향을 틀 즈음 최 선생이 약간 목소리를 높이며 사람들의 주의를 끈다. "다들 정신 차리시고, 이제 곤륜산에 거의 다 왔습니다."

창밖을 보기도 하고, 소곤거리기도 하고 졸기도 하던 사람들이 일제히 눈길을 차 앞쪽으로 모은다. 그저 그런 산야 풍경이지만 유적 입구에 다 와 간다니 뭔가가 다르겠지 하는 기대감도 있는 듯 그새 눈빛도 초롱초롱해졌다.

사람들이 답사자료집에 곤륜산 1지구로 명명된 골짝을 향해 걸어 올라가면서 다들 이번 답사 동안 날씨가 너무 좋다고, 날을 정말 잘 잡았다고 최 선생에게 감사의 뜻을 건넨다. 최 선생이 반색하며 싱글거린다. 앞서 부지런히 걸어 올라가던 최 선생이 골짝의 한쪽 바위 무리 앞에 서더니 마치 누군가를 소개하는 듯한 자세로 둥글고 큰 바위 하나를 가리킨다.

"이야!", "오!" "어머나!" 감탄사는 모두 다르지만, 눈길은 하나같이 특별한 것을 보고 놀랄 때의 그것이다. 제법 규모를 자랑하는 바위 가득 커다란 검파문들이 또렷하게 모습을 드러내고 있으니 그도 그럴 만했다. 한동안 누구랄 것도 없이 카메라며 휴대폰, 태블릿 PC로 바위의 여기저기를 촬영하기에 바쁘다. 부지런한 이들은 비슷한 형태의 검파문이 새겨진 다른 바위들 앞에 서서 인증 사진을 찍기도 한다. 작은 흥분이 검파문 바위 둘레를 감싸며 돌다 골짝 아래로 흘러내려간다.

***

구룡포 포구 자락 끝의 허름한 식당에서 점심 겸 헤어지는 자리가 마련되었다. 서툰 페인트 글씨로 '할매집' 이라 쓴 간판이 처마 한쪽에 간신히 걸려 있는 집이었다. 포항에 올 때면 최 선생이 꼭 들르는 집이란다. 여든 가까워 보이는 할매, 할배가 일행을 맞았다. 수진이 얼른 식당 안쪽 테이블 하나로 다가가더니 인수가 앉게 한다. 그러더니 뒤이어 식당으로 들어오는 진숙과 태섭을 손짓으로 부른다. 수진이 나서 억지로 4인방을 한자리에 모은 셈이다.

시장기가 돈 까닭일까? 모두 말없이 수저를 놀리기에 바쁘다. 밥공기를 제일 먼저 비운 태섭이 말문을 연다.

"선생님, 검파문이라는 것 사이에 다른 무늬도 여럿 새겨졌던데, 그건 왜 새겨진 거예요? 자료집에는 성기문이라고 돼 있는 것도 있고요. 그게 바위에 꽤 많이 새겨졌더라고요. 저는 뭐 별 느낌도 없던데, 어떤 건 검파문에 붙여서 새겨져 쌍을 이룬 것도 있었어요."

다른 세 사람과 비슷한 속도로 식사를 마친 인수가 젓가락을 상 위에 가지런히 놓으며 답한다.

성기문이 많은 수곡리 암각화

"동심원문이나 회오리문, 석검문, 여성 성기문, 동물 발자국문 등은 암각화 유적에서 비교적 자주 발견되는 무늬예요. 검파문과 같이 나오기도 하지만, 그렇지 않은 경우가 오히려 많죠. 동심원문과 회오리문 암각화는 세계 여러 곳의 신석기시대 유적에서 발견되고 동물 발자국 무늬는 유럽과 아시아의 후기 구석기시대 유물에 처음 보이죠. 여성 성기문도 세계적으로 보편성을 지닌 무늬예요. 바위 말고도 뼈, 뿔에도 보이고, 토기 장식문에서도 찾아볼 수 있어요.

우리나라에서 여성 성기문이 가장 많이 발견된 유적은 안동 수곡리 암각화일 거예요. 수곡리 암각화는 1980년대 후반 발견 보고되었는데, 안동의 수곡리 한들마을 북쪽 비봉산에서 뻗어내린 능선 끝자락 너럭바위에 있죠. 이 바위는 마을 사람들이 신선바위로 부르던 곳이에요. 한들마을은 임하댐이 건설된 뒤 수몰되었어요. 신선바위도 접근하기 어려운 곳이 되었죠. 수곡리 암각화는 길이×너비 22.60×17.25미터 크기 바위에 174점의 암각문이 새겨졌어요. 아마 더 많을지도 모르지만 풍우를 견디며 남아 있는 게 그 정도예요.

수곡리 암각화에 새겨진 여성 성기문은 58점이나 돼요. 이외에 49점의 윷판문, 다수의 바위구멍이 확인되었죠. 처음 조사 때, 암각문에 대한 사전 지식이 충분하지 않았던 까닭인지 조사자들은

암각화, 바위에 새긴 역사 ─●

[그림 68] 안동 수곡리 암각화

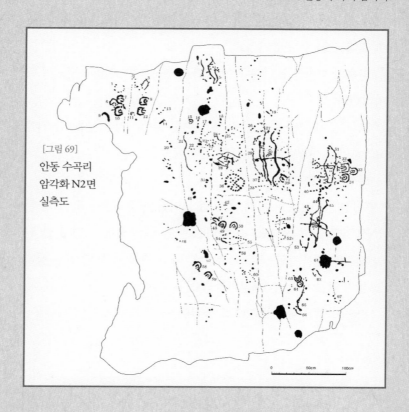

[그림 69]

안동 수곡리
암각화 N2면
실측도

여성 성기문을 말굽형 암각화로 불렀어요. 이 용어는 지금도 일부 연구자들 사이에 통용되고 있고요.

수곡리 암각화 바위도 물길을 내려다볼 수 있는 데 있어요. 바위 한쪽에 수조 시설과 유사한 부분이 남아 있고 장대를 꽂기 위해 만든 것으로 보이는 바위구멍도 일정한 간격으로 나 있어서 기우제가 치러졌던 신성한 장소가 아닌가 생각하는 분도 있어요. 신선들이 노닐던 바위로 불렸던 것도 기우제 같은 제의를 치렀던 기억 때문일 수도 있어요. 58점에 이르는 여성 성기문도 비 내리기를 비는 과정에서 새겼을 수 있고요. 바위의 여성 성기문은 고대 중국의 기우제 과정에 여성 샤먼이 알몸으로 하늘을 자극하여 비를 내리게 하려 애썼던 것과 비슷한 관념에서 바위 새김을 시도한 결과로 볼 수도 있거든요."

인수의 설명을 듣던 수진이 약간은 새초롬한 표정을 지으며 한마디한다.

"성기문이 그렇게 많이 새겨졌는데, 신선바위라 부를 건 뭐예요? 차라리 선녀바위라 부르던지."

태섭이 말을 받는다.

"신선들한테는 그런 게 눈에 안 들어왔을 것 같은데요. 뭔지 알았을 것 같지도 않고요. 그 사람들은 돌 위의 윷판 보면서 한 판놀 생각만 했을지도 몰라요. 우리도 아주 옛날 거 보면 아무 생각도 들지 않잖아요. 난 그렇더라고요."

진숙이 말을 다른 방향으로 돌린다.

"선생님, 거긴 어떻게 갈 수 있어요? 댐으로 수몰돼서 가는 길 찾기도 힘들다면서요? 가물어 물이 빠지면 가기 좀 나은가요?"

인수가 진숙의 말에 미처 답하지도 않았는데, 술잔을 주거니 받거니 하며 오가는 소리로 조금은 소란스러운 최 선생네 옆 테이블에 잠시 눈을 돌리고 있던 태섭이 아예 다른 걸 묻는다.

동심원문만 있는 암각화들

"선생님, 동심원문에 대해서도 말씀해주세요. 그런 무늬만으로 장식된 암각화 바위도 있나요?"

자연스럽게 비주류 그룹의 리더가 된 인수가 제 앞에 놓인 컵을 들어 보리차를 한 모금 마시더니, 답한다.

"물론, 거의 동심원문으로만 장식된 바위도 있기는 있죠. 1991년 국립창원문화재연구소가 발견한 함안 도항리 34호분 밑 고인돌 뚜껑돌이 그런 경우예요. 함안 도항리 고분군 지표조사 과정에서 도항리 34호분 무덤무지 아래에서 8기의 청동기시대 고인돌무덤을 발견했는데, 이 중 다호 고인돌무덤 뚜껑돌에서 찾아낸 암각문에서 제일 먼저 눈에 들어온 게 여러 개의 동심원문이었어요.

암각문은 11개의 동심원과 352개의 바위구멍, 14개의 선, 배와 비슷한 형상의 선문 1점으로 이루어졌는데, 동심원문이 가장 크고 뚜렷하게 보이죠. 바위의 암각문이 고인돌무덤이 만들어지

[그림 70] 함안 도항리 암각화 고인돌

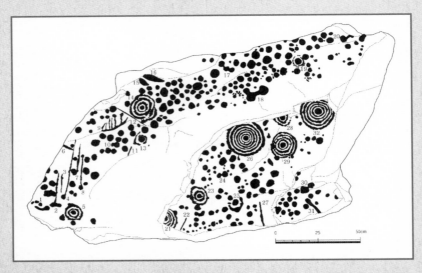

[그림 71] 함안 도항리 암각화 실측도

기 전에 새겨졌는지 무덤을 만들 때 새겨졌는지는 알 수 없어요. 고인돌 뚜껑돌에 일부러 별자리를 나타내는 바위구멍을 새겼다는 분도 있어요. 동심원이야 높고 높은 하늘, 큰 여신이 있는 하늘을 나타낸 거로 보이고요. 북한에서 발견된 청동기시대 고인돌무덤 뚜껑돌에는 정말 바위구멍 별자리처럼 보이는 것도 있어요. 북한 학자들도 그렇게 보고 있고요. 바위구멍 별자리가 청동기시대의 천문 인식을 보여준다는 거죠.

동심원문은 부산 동래 복천동 암각화에서도 발견되었어요. 1995년 실시된 부산 복천동 고분군 5차 발굴조사 때에 복천동 79호분에서 확인됐죠. 복천동 79호분은 장례를 치르고 돌벽을 쌓아 만든 무덤에 관을 넣은 뒤 마지막에 천장돌을 올리는, 전문용어로 수혈식 석곽묘예요. 이 무덤을 조사하는 과정에 무덤칸 서벽 북쪽에서 암각화가 새겨진 벽석이 하나 발견된 거죠. 벽석 측면에 동심원문과 회오리문이 남아 있었던 거예요.

복천동 고분군 발굴팀은 벽석 암각화가 5세기 후반 즈음, 이 무덤 축조를 담당한 사람들이 인근 바위 절벽이나 바위산을 깨 무덤 쌓을 돌을 마련하는 과정에 암각화가 새겨진 돌도 채취한 거로 봤어요. 아마 그렇겠죠. 암각화가 새겨진 커다란 바위가 깨진 거죠. 암각화가 남아 있는 돌이 무덤 벽을 쌓는 데 쓰인 거고요. 삼국시대 후기인 5세기 후반에는 바위에 새겨진 암각화가 더는 신앙의 표현이 아니었던 거예요. 암각화 바위에서 제의를 치르지도 않았고요."

[그림 72] 부산 동래 복천동 암각화

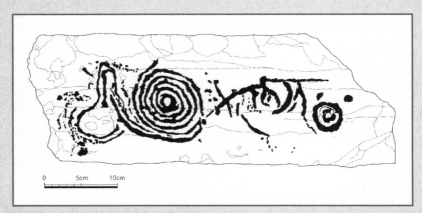

[그림 73] 부산 동래 복천동 암각화 실측도

116

태섭이 이상하다는 표정을 지으며 질문 비슷한 말을 한다.

"그럼, 삼국시대에는 아예 바위에 동심원문을 새기지 않았다는 거네요. 당시 사람들에게 동심원문 새겨진 바위가 별거 아니었다는 거잖아요. 삼국시대에는 말이에요."

인수가 그렇지 않다는 뜻으로 고개를 약간 저으며 말을 잇는다.

"아니, 꼭 그렇지는 않아요. 1997년 대구 달서 진천동에서 발견된 암각화 선돌에도 동심원문과 바위구멍이 있는데, 이 선돌은 마을 사람들에게 신성하게 여겨졌던 것 같아요. 물론 암각화가 그랬다고 할 수는 없지만, 암각화 때문에 더 신비하게 여겨졌을 수는 있어요. 동심원문 5점, 바위구멍 11개가 확인된 진천동 선돌은 본래 개울 곁에 있었다고 해요. 2007년에 대구 달성 천내리 3호 고인돌무덤 뚜껑돌에서도 동심원문 9점이 발견되었는데, 이 바위는 마을 사람들 사이에 칠성바위로 불렸다고 해요. 바위가 본래는 칠성七星 신앙의 대상으로 여겨졌던 거죠. 칠성은 북두칠성의 칠성이에요. 북두칠성은 인간의 수명과 관련이 깊은 별자리고요. 조선시대에는 죽은 사람을 관에 넣을 때 바닥에 북두칠성을 본 떠 구멍을 7개 낸 소나무 널을 깔았어요. 저승길 편안히 잘 보고 가라고요. 칠성님이 죽은 뒤의 삶을 지켜준다고 믿은 거죠.

아마 이런 관습의 시작은 청동기시대였을 거예요.

경남 밀양 신안 유적 2차 발굴조사에서는 신안1호 고인돌 상석 하단부, 신안4호 고인돌 하단 묘역 시설 서쪽 가장자리 상단 석재에서 각각 암각화가 발견되었어요. 2004년의 일이죠. 고인돌무덤

[그림 74]
대구 달서 진천동
암각화 선돌

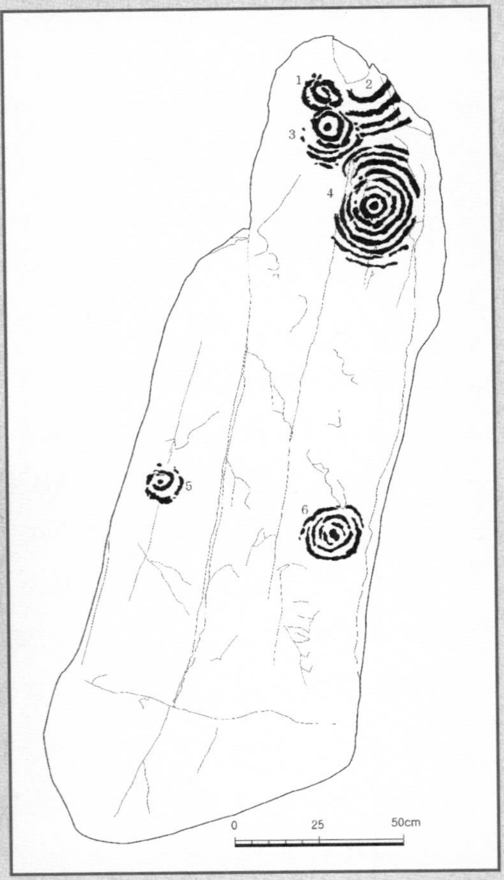

[그림 75]
대구 달서 진천동
암각화 실측도

에서 나온 이 석재들도 이미 있던 암각화 바위에서 깨낸 게 확실해요. 신안4호 고인돌 석재에 새겨진 것도 동심원문이에요. 동심원문 암각화의 기원이 아주 오랜 옛날로 거슬러 올라간다는 걸 알수 있죠. 이런 암각화 바위를 깨서 무덤 만드는 데 쓴 사람은 암각화 신앙이 없는 거고, 현대에 와서도 암각화 바위 앞에 절하고 비는 사람들은 암각화 신앙이 있다고 할 수 있어요. 바탕에 깔린 건물론 바위 신앙이죠."

인수의 설명을 들으면서도 한편으로는 태블릿 PC를 만지며 제일에 빠져 있던 수진이 갑자기 고개를 들며 말을 건넨다.

"선생님, 남성 성기문 이야기도 좀 해주세요. 검문이 남성 성기를 나타낸다고 했잖아요. 고인돌이나 그런 거 말고, 다른 돌에도 그런 게 새겨졌나요?"

인수가 '그러면 그렇지 어쩐지 질문이 없더라' 하는 표정을 짓더니, 답한다.

남성 성기를 상징하는 숫돌의 검문

"오래된 숫돌에서 검문이 발견되기도 해요. 1995년 조사된 사천 본촌리 유적 나지구 10호 주거지는 청동기시대의 유적인데, 주거지 중앙의 움푹 들어간 구덩이에서 암각화가 새겨진 숫돌이 조각난 채 수습되었어요. 선 쪼기로 검의 외형을 나타낸 뒤 선을 갈아

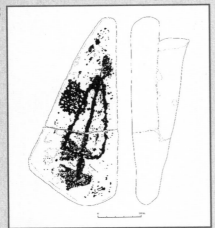
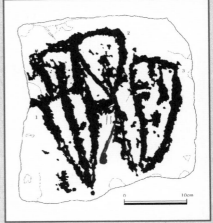

- [그림 76] 사천 본촌리 숫돌 암각화
- •• [그림 77] 사천 본촌리 숫돌 암각화 실측도
- ••• [그림 78] 밀양 살내1호 고인돌 암각화
- •••• [그림 79] 밀양 살내1호 고인돌 암각화 실측도

내 형상을 완성한 숫돌 암각화죠. 이 사암제 숫돌 암각화가 구체적으로 어떤 의미를 지녔는지는 확실치 않지만, 검이 지니는 남성 성기로서의 상징성이 여기에도 투영되었을 수 있어요.

밀양 살내 유적 조사 과정에서도 암각화 석재가 2점 발견되었어요. 살내 유적은 2001년 조사되었어요. 살내 유적의 살내1호 고인돌 하단 묘역 시설 동쪽 가장자리에 놓여 있던 석재에서 석검문과 여성 성기문이 발견되었어요. 석재에 두 개의 서로 다른 무늬가 거의 붙여지다시피 새겨져 있었죠. 이런 식의 암각은 보통 남녀 교합 상태를 나타낸 것으로 해석돼요. 이런 표현은 선사시대의 풍요제의와 관련되었다고 생각하는 분들이 많아요. 고인돌 무덤의 석재로 사용되었으니, 암각화 바위는 살내 유적 고인돌이 만들어지기 이전에 이미 잊히거나 버려진 상태였겠죠. 2009년 조사된 의령 마쌍리의 청동기시대의 반半 지하식 돌무지 흙무덤에서도 암각화 석재가 발견되었어요. 석재의 앞면과 뒷면에 석검문이 새겨져 있었죠."

수진이 인수의 설명을 들으며 태블릿 PC에 다시 뭔가 적고 그리는 동안, 진숙은 바위에 암각된 윷판이 언제 거냐고 묻는다.

"선생님, 바위에 윷판이 처음 새겨진 건 언제일까요? 중국에 고구려 유적 보러 갔을 때, 바위에 새겨진 윷판을 봤어요. 어떤 출판사 사람들하고 같이 갔는데, 무슨 고구려 무덤 옆 바위에 사람 모습이 선 그림으로 그려지고 배꼽 근처인가, 하여튼 사람 그림 안에 윷판이 새겨진 걸 봤는데, 우리가 윷놀이 때 쓰는 것하고 똑

같더라고요. 그 고구려 무덤은 패키지여행으로는 가지 않는 곳이라고 했어요. 출판사 사람들은 따로 일정을 잡아간 거라서 갈 수 있었다고 하던데."

인수가 그 유적을 잘 안다며 반색을 하며 답한다.

"아, 그건 길림성 집안에 있는 우산하 3319호분이에요. 고구려 벽화고분 가운데 하나죠. 윷판은 이 고분 옆 편평한 바위에 선각으로 그려진 고구려 인물상 안에 새겨졌어요. 우산하 3319호분은 4세기에 축조되었어요. 이 무덤 옆 바위에 새겨진 인물상이 우산하 3319호분이 만들어질 때 새겨졌다면 윷판은 그보다 전에 만들어졌을 수 있어요. 물론 인물상이 새겨진 뒤 윷판이 만들어졌는지, 윷판이 만들어지고 나서 인물상이 새겨졌는지는 아무도 모르죠. 암각화는 언제 새겨졌는지 모르는 게 공통점이자 특징이니까요.

윷판문 암각화는 우리나라 민속놀이인 윷놀이와 관련이 깊어요. 윷놀이 판이 윷판이니까요. 부여는 고구려보다 먼저 세워진 나라인데, 나라에 4출도四出道가 있어 마가馬加, 우가牛加, 저가猪加, 구가狗加 등으로 불리는 상급 귀족이 이렇게 나누어진 지역을 다스렸다고 해요. 말, 소, 돼지, 개가 벼슬 이름 앞에 붙었으니 부여에서는 목축이 중요했다는 걸 알 수 있어요. 윷판의 말이 가는 길에 붙은 이름도 이와 관련 있다는 견해가 있어요. 실제 윷을 놀 때 쓰는 도, 개, 걸, 윷, 모 같은 이름도 눈길을 끌긴 하죠.

암각화, 바위에 새긴 역사 ⟶ ●

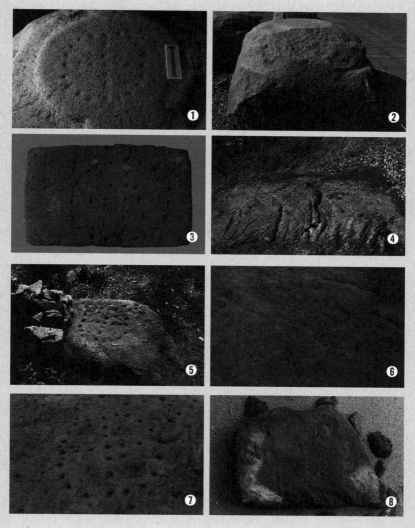

[그림 80] 주요 윷판문 암각화
(❶~❷ 경복궁 종루 주춧돌 윷판, ❸ 강화산성 남장대 윷판 전돌, ❹ 울산 어물동 윷판바위,
❺ 원주 손곡리 윷판바위, ❻~❼ 임실 상가 윷판바위, ❽ 제주 항파두리 항몽 유적지 주춧돌 윷판)

하늘의 움직임을 담은 윷판문 암각화

어떤 이는 윷판이 북두칠성의 계절별 움직임에 착안해서 만들어졌다고 해요. 실제 북두칠성은 계절이 바뀌면 꼬리의 방향이 달라지거든요. 땅 위에서 보면 북극성을 중심으로 하늘의 별들이 움직이는 것처럼 보여요. 사실 항성인 별들은 그 자리에 있고 지구가 스스로 도는데 말이죠. 옛날에는 별이 움직인다고 봤으니까. 윷판에 우주 질서의 순환 과정이 투영되어 있다는 거예요.

윷판이 선사시대 사람들의 천문 관측 결과를 담은 도형이고 바위의 윷판은 제의적 의미를 지닌 채 새겨졌다고 본다면 윷판문 암각화도 이전과는 달리 역사적 유적으로 볼 수 있는 거죠. 적어도 청동기시대나 초기 철기시대까지는 윷판이 무엇을 나타낸 것인지 기억되고 있었는데, 역사시대에 들어와 윷놀이가 널리 퍼지면서 윷판이 본래 지녔던 의미와 기능이 잊혔을 수도 있는 거예요.

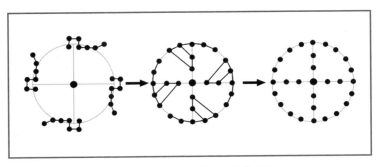

[그림 81] 북두칠성의 계절별 움직임이 윷판이 되는 과정 상상도(김일권 작도).

암각화, 바위에 새긴 역사 ──●

사실 춤과 노래, 심지어 악기를 연주하거나 그림을 그리는 일도 본래는 신을 위한, 신 앞에서 행하던 제의의 한 부분이었다고 하잖아요? 윷판도 그런 용도로 쓰였을 가능성이 큰 거죠."

태섭은 그냥 듣고 있지만, 진숙은 포켓에 넣고 다니던 작은 수첩을 꺼내 열심히 메모하며 듣는다. 수진은 제 태블릿 PC에 북두칠성을 비롯해 머리에 떠오르는 대로 별자리를 그리고 있다. 물론 인수의 설명을 듣고 있는 것은 확실하다. 잠시 말을 그쳤던 인수가 말을 잇는다.

"그런데 윷판문 암각화가 발견되는 장소를 유심히 살펴보면 윷판이 지닌 종교적·제의적 의미나 기능이 역사시대에도 살아 있었다는 해석도 가능하다는 생각이 들어요. 윷판문 암각화는 들판이나 산등성이의 너럭바위뿐 아니라 산봉우리에서 골짜기로 이어진 암석지대, 고인돌무덤의 뚜껑돌, 고려시대 및 조선시대 건물의 주춧돌에서도 발견되니까요.

실제 윷판이 칠성 신앙을 비롯한 천문과 관련된 관념과 연결되어 돌 위에 새겨졌다면 역사시대 주요한 건물의 주춧돌에 새겨진 이유도 미루어 짐작할 수 있어요. 전통적으로 칠성신七星神은 산 자와 죽은 자 모두를 위한 제의와 신앙의 대상이기도 하니까요. 윷판이 이를 위한 매개물로 여겨졌을 수 있는 거죠. 윷판문 암각화와 함께 발견되는 고누판문 암각화의 고누판이 신의 거처나 신성한 장소를 나타낸다고 하거든요. 이런 의견을 참고한다면 윷판이 칠성신이나 인간 생사와 관련 깊은 다른 신의 실재를 믿고 기도하는 과정의 산물일 가능성도 있는 거지요.

　최근에 어떤 보고서를 보니까 2018년 12월까지 발견된 윷판문 암각화는 603점이라고 해요. 전국의 85곳에서 말이죠. 경북과 전북에 분포한 것이 압도적으로 많고요. 윷놀이가 전국적인 민속놀이인 것과도 관련 있는 현상이라고 할 수 있어요. 윷판이 만들어지기 시작한 시기는 청동기시대나 그 이전이라 할지라도 윷놀이가 전국적으로 퍼지고, 많은 사람이 여유 부리면서 즐기는 놀이가 되면서 절경을 즐길 수 있는 마을 뒷산 너럭바위 같은 데에도 계속 새겨졌기 때문일 거예요.

　전국 곳곳의 윷판문 암각화 가운데 상당수는 저수지나 댐이 축조되면서 수몰되었다고 해요. 윷판문 암각화가 주로 절경을 자랑하는 산 중턱 바위에 새겨지는 일이 많았기 때문인 것 같아요. 댐 수몰 지역에 인적이 드문 곳이 포함되는 경우가 많으니까요. 윷판문 암각화는 노출된 곳에 있어 풍우로 사라지는 것도 적지 않아요. 바위에 새겨진 윷판은 잘 보이지 않을뿐더러 의미 있는 역사 유적으로 인식되지도 않기 때문에 인공건조물로 훼손되기도 해요."

　인수네 그룹의 암각화 이야기가 한창 무르익는가 싶은데, 최 선생이 또 목소리를 높이며 좌중의 주의를 끌어모은다.

　"자, 다들 이틀 동안 수고 많으셨습니다. 다음번에 또 인연이 되면 경주에서 만나죠. 남산도 한 바퀴 같이 돌며 이 부처님, 저 부처님 만나보고요. 다음에는 제가 저녁 시간에 밤에 만나는 신라가 어떤지 보여드릴게요. 야행[야간기행]하면서요. 제가 차로 구룡포 터미널까지 일단 모실 테니 각자 알아서 교통편 잡으세요. 다들 수고 많으셨습니다."

좌중의 박수가 끝나자 최 선생이 인수 곁으로 오며 안도의 숨 비슷한 것을 쉬더니 말을 건넨다.

"장 형은 저녁 시간에 경주박물관회에서 특강이 있다니 경주로 되돌아가야 하고 여기 다른 세 분은 각기 일정이 있으실 테고."

수진이 대뜸 말을 받는다.

"아니에요, 선생님. 저도 경주로 되돌아가야 해요. 오늘 남친하고 경주박물관에서 만나기로 했거든요. 남친이 월차 내고 내려온다고 했어요. 집이 울산이거든요. 전 프리랜서라서 경주에 하루 더 있어도 되고요."

바위구멍도 암각화일 수도

경주로 이동하는 차 안에서 최 선생이 말을 건넨다.

"장 선생, 이걸 암각화라고 해야 하는 건지 난 아직 확신이 서지 않는데, 바위구멍 암각화 말이요, 아까 본 서악동 바위도 그렇고, 울산 방기리에 가면 바위구멍이 있는 바위만 수십 개 있잖아요? 이런 건 어떻게 봐야 해요? 정말 암각화로 봐야 하나? 방기리건 다들 알바위, 알바위 하던데, 정말 거기에 알이 놓였던 건 아닐 테고. 우린 보통 성혈이라고 하잖아요? 김해 사는 김 박사 알죠?

김 박은 그게 별자리라며 카시오페이아 얘기도 하고 그러더라고. 장 선생 생각에는 그게 도대체 뭐에 쓰였던 거 같아요? 지난번에 누구더라, 성오재에서 하루 자고 간 대구의 이 선생은 일제강점기 민속보고서에 아낙이 바위에 구멍 나도록 갈고 또 갈면서 아이 달라고 빌면 실제 아기가 태어났다는 이야기가 마을마다 전한다고 쓰여 있대요. 그런 마을에는 꼭 바위구멍 암각화가 있다고 하데? 장 선생은 그거 읽어봤어요? 무슨 보고서라 그랬는데, 책 이름이 기억나지 않네."

바위구멍 이야기에 흥미를 느꼈는지 수진이 또 주섬주섬 제 배낭에서 태블릿 PC를 꺼내더니 뭔가 적고 그리기 시작한다. 인수가 홀가분한 표정으로 최 선생의 말을 받는다.

"바위구멍도 암각화는 암각화죠. 전 세계적인 현상이기도 하고요. 바위구멍은 영험한 바위에 주로 나 있어요. 이런 바위는 우리나라의 역사가 오랜 마을에는 한두 개씩 다 있죠. 거북바위니 신선바위니 그런 거요. 마을 뒷산 중턱 같은 곳에 있는 장군바위도 그렇고. 그런 큰 바위에 바위구멍이 나 있는 경우가 많죠. 이중 바위구멍들은 선으로 이어져 있고, 오늘 곤륜산 골짜기에서 본 것처럼 말이요. 이걸 보고 하늘의 별자리를 바위에 나타냈다고 하는 사람들도 있어요.

이번 자료집에는 없지만, 보고서를 보니까, 2019년 말까지 확인된 전국의 바위구멍 암각화는 모두 553점이라고 그래요. 53곳 중에 22곳이 경북 지역이더군요. 개수로는 290점이고. 바위구멍

[그림 82] 울산 방기리 알바위 바위구멍 암각화

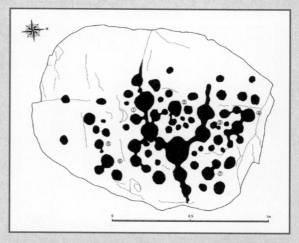

[그림 83] 울산 방기리 알바위 바위구멍 암각화 실측도

도 한국 모든 지역에서 발견되지만, 경북 일대에 많이 분포한다
는 걸 알 수 있죠.

바위구멍이 어떻게 생겨났는지는 의견이 여러 가지예요. 바위
구멍이 생길 정도로 오랫동안 바위 갈기를 하면서 아기 배기를 빌
었다고 하기도 하고, 비가 내리기를 갈구했다고도 하죠. 사실 바
위구멍 갈기는 비 내리기를 구하건, 아기 낳기를 바라건, 관념적
으로는 의례적인 성행위예요. 나도 최 선생이 말한 그 민속보고
서를 읽어봤는데, 바위에 빌어 낳은 아기에게 바우라는 이름을
주고 부모가 빌었던 바위에 아이를 데리고 가 아버지, 어머니로
부르게 했다는 기록이 여럿 실려 있더군요. 다 현장 인터뷰 결과
를 모은 거니까, 이런 민속이 일제강점기까지는 유지되었다는 증

[그림 84] 포항 신흥리 오줌바위 암각화

암각화, 바위에 새긴 역사 ──●

거이기도 해요. 아마 지금도 어떤 지역에는 그런 민속이 남아 있을 거예요.

바위구멍이 별자리 신앙에서 비롯되었다는 의견은 최 선생도 여러 번 들어보았을 거예요. 유럽의 연구자 중에는 바위구멍이 초기 농경사회에서 곡식의 낟알을 탈곡하기 위해 사용되었다는 연구 결과가 나오기도 했어요. 실험고고학적 연구도 있었고요. 실제 탈곡 효과가 있었다는 거죠. 사실 바위구멍이 어떻게 인식되고 쓰였는지는 지역과 민족에 따라 다를 수 있어요. 시대에 따라 달랐을 수도 있고요."

이야기가 재미있는지 운전석 뒤에 혼자 앉아 있던 수진도 귀기울여 듣고 있는 듯했다. 물론 무릎 위에는 태블릿 PC가 올려져 있다. 인수가 말을 잇는다.

"만일 바위구멍 암각화가 농경이나 목축이 시작되기 이전부터 만들어졌다면, 사냥과 채집이 삶의 유일한 방편이었던 시대부터 바위구멍이 있었다면, 바위구멍의 의미나 기능은 다른 차원에서 이해해야 할 수도 있어요. 사냥과 채집이 생업이었던 사람들이 바위를 갈아 구멍을 내면서 뭔가를 빌었다면 채집할 수 있는 열매나 뿌리, 사냥이 가능한 짐승의 오늘과 내일, 혹은 저들의 다음 세대에 대한 것이었겠죠.

이미 만들어진 바위구멍을 어떻게 보느냐, 어떻게 쓰느냐도 시대와 지역에 따라 차이가 있을 수 있는 거예요. 민간에서는 여전히 아이를 낳게 해주는 바위 신이 믿어졌다 해도 그런 관념이 희박한 사람들에게 바위구멍이 무슨 의미가 있겠어요? 고령 알터바위 바위구멍이 대가야 시조 신화와 관련되어 스토리텔링된 것도 원래의 바위 신앙과는 거리가 있죠.

알터마을 바위구멍은 전형적인 바위 신앙의 산물인 게 확실해요. 하지만 언젠가부터 고령 대가야 시조 신화와 얽혔죠. 가야 산신 정견모주가 낳은 알이 그 자리에 있었던 것처럼 이야기되고 믿어지게 된 거예요. 바위 이름이 알터바위가 된 것도 이 때문일 거고요. 신성함이나 영험스러움은 이전과 다름이 없더라도 왜 신성한지, 영험스러운지에 대한 설명이 달라진 거죠. 알터바위가 더는 민간 신앙의 대상이 아니게 된 거예요.

울산 방기리 알바위도 마찬가지예요. 46개의 바위에 바위구멍이 남아 있으니 특별한 사례라고 할 수 있는데, 이름이 알바위인 걸 보면 바위구멍이 신비한 탄생을 알리는 알과 관련되어 새로 스토리텔링이 되었다고 볼 수 있어요. 물론 최근의 일은 아니겠지만 말이에요. 왜 알바위인지 말해주는 설화는 지금 전하지 않지만, 한두 세대 전에는 입에서 입으로 전해지고 있었을지 몰라요. 울산 가지산 쌀바위처럼 방기리 알바위도 신비한 전설을 품고 있었을 가능성은 있죠."

암각화, 바위에 새긴 역사 ───●

[그림 85] 나주 부덕동 바위구멍 암각화 고인돌

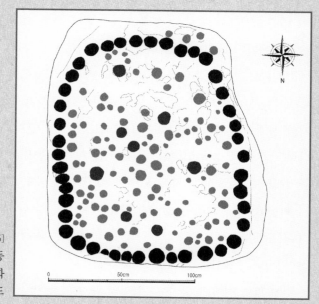

[그림 86]
나주 부덕동
바위구멍 암각화
고인돌 실측도

경북에서 암각화가 많이 발견되는 이유

인수가 말을 마치자 수진이 기다렸다는 듯 말을 건넨다.

"선생님, 이건 물어봐야 할 것 같아서요. 왜 하필 경상북도에서만 암각화가 많이 발견될까요? 해설사 선생님이 말한 것처럼 경상북도 지역이 특별해서인가요? 청동기시대에 여기서 무슨 일이 있었을까요? 딴 데보다 암각화를 많이 새겼으니까, 남은 것도 많은 것일 테고요? 아까 갔던 포항 곤륜산 골짜기에 그렇게 암각화가 많은 것도 참 이상하더라고요. 포항에 무슨 중요한 나라가 있었던 같지는 않은데. 포항은 포항제철 있기 전까지는 그냥 조그만 항구도시였잖아요?"

'역시, 질문이 많아.' 조수석에 앉아 앞을 보던 인수가 잠시 고개를 돌렸다가 다시 앞을 보며 입을 연다.

"경상북도가 좀 특별하긴 해요. 사실 문화적으로는 지역마다 특색이 있는데, 영남은 산골 분지 중심으로 도시가 형성된 데다 지역 경계도 뚜렷하고, 그래서 사투리도 차이가 있지요. 이 마을 다르고, 저 마을 다르고. 북에서 남으로, 서에서 동으로 영남 땅에 들어서려면 높고 험한 재를 넘어야 하고요. 어떻게 보면 고립되기 쉬운 곳이죠. 호남은 평야가 넓은 데다 구릉성 산지가 펼쳐져 지역 경계라고 해보았자 강이나 낮은 산봉우리 몇 개라 말투도 천천히 변하고, 물산도 풍부한 편이고요.

영남 쪽은 지리적으로도 고립성이 높아 옛 문화가 모이며 고인

암각화, 바위에 새긴 역사 ──●

다고 할까? 그런 면도 있었던 것 같아요. 신석기문화나 청동기문화가 영남 들어와서는 고립되면서 잘 보존된 면도 있을 거예요. 지역적 특색도 갖추게 되었겠죠. 암각화 문화도 마찬가지가 아니었을까 생각돼요. 남이건, 북이건 외부에서 새로운 문화가 계속 들어오고 사람도 흘러들면, 변화도 빨라져요. 한 지역에서 문화가 섞이고 사람이 섞이면 새로운 모습을 갖추게 되는데, 이게 끊임없이, 자주 이루어진다면 옛 모습이 남기는 힘들거든요. 호남이나 경기, 충청 지역은 통로가 열려 있고 이동이 많아 암각화 문화가 들어왔다고 해도 오래 터 잡지는 못했을 수 있어요. 강화도같이 외지거나 문화 이동 통로에서 조금 떨어진 몇 군데에만 암각화 문화가 흔적을 남기고 그냥 흘러가버릴 수도 있는 거예요.

하지만 영남은 달라요. 험한 산으로 둘러싸인 데다 들어갈 수 있는 길은 조령이나 죽령 같은 높은 재 몇 군데뿐이라면 새로운 문화가 흘러들기 쉽지 않지만, 일단 들어가면 터 잡기 쉬워요. 게다가 영남 각 지역도 분지마다 마을이나 도시가 형성되어 고립적으로 특정한 문화가 자리 잡는다면 이야기가 달라지죠. 각 지역도 나름의 색깔이 있는 영남 특유의 문화가 성립할 수 있는 거예요. 검파문 암각화가 주로 경북에서만 발견되는 것도 이 때문일지 몰라요. 영남에서도 경남 쪽은 남해의 수많은 섬을 징검다리 삼아 전남과도 이어지고, 심지어 일본과도 통할 수 있지만, 동해쪽으로 태백산맥의 남은 줄기가 내려가는 경북 내륙은 다른 곳과는 분위기가 다르니까요.

검파문 암각화는 11군데 중에 10곳, 윷판문 암각화는 85곳, 603점 중에 36곳, 399점, 바위구멍 암각화는 37곳, 553점 중에 22곳, 290점. 내가 일부러 세어 수첩에 적어둔 숫자예요. 지금은 유적 수나 암각화 수가 좀 다를지 몰라도 암각화 문화의 중심이 경북이라는 건 확실하죠. 여기에 울산, 부산, 경남의 유적 수를 더해 영남 전역의 숫자를 다른 지역과 비교하면 암각화 문화에 관한 한 이곳이 특별하다는 걸 알 수 있어요.

암각화 문화 말고도 영남이 다른 지역과 구별되는 문화적 특징은 몇 가지 더 있는데, 한마디로 여기는 옛날부터 지금까지 여러 문화가 모여서 쌓이는 문화 저수지랄까, 문화창고 비슷한 곳이에요. 포항 곤륜산 암각화는 여전히 수수께끼고요. 왜, 그곳에 그렇게 많은 암각화 유적이 남아 있는지 말이에요."

"답은 없이 의문만 자꾸 쌓이는 거 같아요. 스토리텔링까지 끼어드니까, 복잡해지기만 하고요. 좀, 그래요. 하긴 웹툰도 스토리텔링 위에 작업하는 거지만요. 그래도 좀 그러네요. 참, 한 가지만 더요. 저 그런데 북한에도 암각화가 있나요? 제주도는요?"

수진이 혼잣말처럼 중얼거리더니 질문을 하나 더 붙인다.

인수가 '이건 정말 마지막이다' 하면서 답한다.

[그림 87] 제주 광령리 바위구멍 암각화

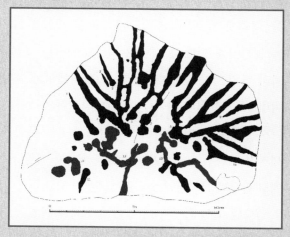

[그림 88] 제주 광령리 바위구멍 암각화 실측도

북한과 제주도에서도 발견된 암각화

"고인돌 별자리 암각화 말고 북한에서 발견된 암각화는 하나예요. 함북 무산에서 나왔지. 지초리라고 두만강 변 마을인데, 강변 바위절벽 동굴 입구에서 발견되었어요. 옛날부터 신선바위라고 불렸다지, 아마. 동심원문 6점과 회오리문 14점, 겹마름모문 1점, 동그라미 6점이 확인되었답니다. 회오리문이 2개씩, 3개씩 잇대어 새겨진 게 특징이지. 청동기시대 작품으로 추정하고 있어요.

제주도에서도 암각화가 몇 점 발견되었어요. 애월읍 광령리 밀감밭 담장에 끼어 있던 것이 2003년 러시아 사람 알킨 박사 눈에 들어왔는데, 여러 개의 바위구멍을 중심으로 방사선 꼴로 선이 여럿 뻗어 나가게 새겼어요. 단단한 현무암인데도 새긴 단면이 'ᴠ'자라서 철기시대에 금속제 도구로 새겼을 거라고 봐요. 의미는 명확하지 않고요. 애월읍 금성리에서는 구름무늬 비슷한 게 여러 개 새겨진 갈돌이 나왔고, 고산리에서는 수직으로 교차하는 여러 개의 선을 새긴 갈돌이 발견되었어요. 역시 무엇을 나타냈는지는 알 수 없고요. 제주도에서도 고인돌 뚜껑돌에 바위구멍이 새겨진 바위구멍 암각화는 발견되었어요. 이런 거로 보면 제주도에도 암각화 문화가 있었다는 건 알 수 있죠."

인수의 말이 끝나자 다들 잠시 침묵에 빠진다. 차는 이미 포항과 경주의 경계를 넘고 있다.

"에고, 지친다. 이젠 좀 쉬어야겠다."

[그림 89] 제주 금성리 암각화 갈돌

[그림 90] 제주 금성리 암각화 실측도

수진을 경주박물관 앞에 내려준 뒤, 차가 성오재 앞마당에 이르자 인수가 혼잣말하듯 중얼거린다. 차에서 내린 인수가 안채 툇마루에 앉는 걸 보면서 최 선생이 부지런히 식당 쪽으로 간다. 잠시 뒤, 최 선생이 둥근 소반에 냉수 한 주전자와 사과 2개를 담아 안채로 내오면서 한마디한다.

"장 선생, 어제, 오늘 정말 수고 많았소. 하필 학생 같은 동행이 여럿 장 선생한테 붙는 바람에. 내가 일부러 붙인 건 아니야. 덕분에 내 어깨가 가볍긴 하더군. 정말 쉴 틈도 없이 강의하더라고. 잠시, 숨 좀 돌리소, 여기서."

○

**에
필
로
그**

이 바위그림 이야기는 답사기 형식을 빌렸다. 일종의 바위그림 개론 스토리텔링이라고 할 수 있는데, 필자가 시도하는 다양한 방식의 글쓰기 가운데 한 가지이다. 물론 이런 형식의 글쓰기는 대중과 자연스럽게 만나기 위해서이다.

필자는 오래전부터 연구자와 대중이 만나는 가장 효과적인 방식은 무엇일까를 고민해왔다. 유럽과 미주, 일본 등지에서는 연구자들이 다양한 방식으로 대중과 만나 전문 연구의 결과물을 공유해왔다. 유럽이나 미주에서는 자신의 전문적인 연구 성과를 소설이나 에세이로 풀어 대중에게 전하는 연구자를 찾아보기 어렵지 않다. 스토리텔링된 전문 영역의 연구 결과가 국내에 번역, 소개되는 사례도 적지 않다. 그러나 국내에서는 그런 시도가 드물고, 어쩌다 이루어져도 의미 있는 노력의 결과물로 인정받기 쉽지 않다.

필자가 처음 쓴 글은 어린이 그림책으로 출간되었다. 물론 주제는 필자의 연구 분야인 고구려 고분벽화였지만, 두 주인공이 옛사람의 무덤 안에 들어가 벽화를 보며 천오백 년 전 살았던 조상들과 마음과 생각을 나누어보는 경험을 글과 그림으로 펼쳐 보였다. 이후 초등학생을 위한 고분벽화 소개 책도 쓰고, 청소년과 시민을 위한 고구려 안내서도 발간했다. 나름 필자의 쉬운 글쓰기는 오랜 역사를 지니고 있다. 필자가 고구려 고분벽화를 기본 자료로 삼은 국내외 전시를 10여 년 동안 여러 차례 기획하고 감독한 것도 대중과 만나기 위한 노력의 일환이었다.

근현대와 달리 고대 및 선사시대 예술과 문화, 역사는 잃어버린 고리가 많아 제대로 복원하는 데 어려움을 겪는다. 심증은 가지만 물증이 없어 연구 논문이나 연구서로 분석, 정리해낼 수 없는 영역도 적지 않다. 그렇다고 고고학적 발굴을 통해 새로운 물증이 발견되거나 인류학적·민속학적 비교 연구를 통해 미처 알지 못했던 사실이 알려지기를 마냥 기다릴 수만은 없는 분야도 있다. 어쩔 것인가.

10여 년 전부터 필자는 스스로 다큐텔링(다큐멘터리 스토리텔링)이라고 이름 지은 방식의 새로운 글쓰기도 시도하고 있다. 역사소설이나 답사 중의 대화 형식을 빌리는 사례도 있으니 딱히 새로운 글쓰기라고 규정 짓기 어려운 면도 있지만, 우리 역사나 문화, 예술 분야에서는 의미 있는 시도라고 할 수 있다. 고구려 고분벽화 연구의 잃어버린 고리를 주제로 한 소설 《비밀의 문 환문총》

(2014)을 시작으로 불교 전래와 신라 황금 문화의 성쇠를 둘러싼 시대의 변화를 읽어내려 한 소설 《황금의 시대, 신라》(2019), 아버지와 아들의 대화로 엮어낸 고대 사상사 스토리텔링 《고대에서 도착한 생각들》(2020), 액자식 소설 안에 암각화 연구보고서를 담아보려 한 《글바위, 하늘의 문—울산 천전리 각석 이야기》(2020)는 이런 일련의 작업으로 빚어낸 열매들이다.

'암각화 유적 답사 중의 대화'라는 형식을 빌려 정리한 이 책도 필자가 오래전부터 시도하며 익숙해져가고 있는 역사문화 스토리텔링의 결과물이다. 사실 전문연구자가 연구 결과를 스토리텔링 방식으로 펼쳐 나가기는 쉽지 않다. 객관적인 서술 방식을 취하는 연구 논문이나 연구서가 오히려 익숙하고 쓰기 쉬울 것이다. 그러나 전문 연구서나 연구 논문을 읽는 이는 해당 분야의 몇 사람이나 몇십 명을 넘어서기가 어렵다. 연구자들 사이에는 상식에 속하는 사실이 기자의 글을 통해서는 새롭고 의미 있게 대중에게 다가가는 것도 이 때문일 것이다. 어떤 면에서 연구자에게는 전문연구자와 대중 사이 비어 있는 공간에서 객관적 사실을 심하게 과장하거나 왜곡하는 글쓰기로 여론을 호도하고, 심지어 바람직하지 못한 방향으로 이끌어가는 사례가 생기지 못하게 방지할 의무도 일정 부분 있다. 필자가 전문 연구 결과의 스토리텔링을 꾸준히 시도하는 것도 이런 까닭이다.

필자가 보기에 진지한 논증과 토론을 거치지 않은 글이나 견해를 바탕으로 스토리텔링을 시도하는 건 바람직하지 않다. 스토리텔링되는 이야기도 연구자들 사이에서 최소한의 동의는 받을 수 있는 내용이어야 한다. 아직은 설익었거나 개연성이 약한 의견을 스토리텔링 방식으로 전하려 한다면 이는 전문 작가가 쓰는 소설이라는 형식에 더 가깝다고 봐야 할 것이다.

비교적 느슨한 방식으로 논지를 전할 수 있는 스토리텔링을 시도하면서 정교한 논증을 끼워넣는 것도 곤란할 듯하다. 계몽적 성격을 지닌 논리적 글쓰기는 연구 논문이나 연구서에 적합할 뿐 대중의 공감과 호응을 얻어내기는 어렵기 때문이다.

이런 까닭에 스토리텔링 방식으로 전할 수 있는 전문적인 연구 내용은 자칫 수박 겉핥기처럼 지나치게 간결해질 수도 있다. 내용을 충분히 전달하려고 이야기를 길게 잇거나 늘어뜨리면 글 읽는 이의 흥미는 반감되고 인내심은 바닥에 이를 수도 있기 때문이다. 필자도 이런 점 때문에 스토리텔링이 어느 한쪽에 지나치게 기울지 않게 하려 애쓴다.

이 바위그림 이야기도 전달력을 높이기 위해 가능하면 간결하게 사실을 전달하면서 문장의 호흡도 강약과 장단이 적절히 섞이도록 주의를 기울였다. 하지만 필자의 이런 의도가 실제 대중에게 얼마나 잘 전달될지 현재로서는 가늠하기 어렵다. 혹, '생각보다 읽기가 편했다'라는 평가를 받는다면 필자로서는 절반의 성공이라고 자평할 수 있을 듯하다.

바위그림으로 통칭되는 암각화 연구가 국내에서 의미 있는 연구 분야로 자리 잡는 데에는 아직 더 시간이 필요할 듯하다. 암각화를 전문 연구 분야로 삼는 연구자가 두 자릿수에도 이르지 못하는 현실을 고려하면 '한국 암각화학'의 정립에 필요한 시간을 예측하기는 더욱 어렵다. 앞으로 2세대 암각화 연구자가 얼마나 나올지 알 수 없는 상태에서 필자와 동료 연구자들의 마음은 그저 초조하기만 하다. 나름 쉽게 풀어 쓰느라 애쓴 이 이야기가 많은 이의 공감을 얻고 한 걸음 더 나아가 암각화 연구에도 관심을 기울이는 의미 있는 디딤돌이 되기를 바랄 뿐이다.

주요 암각화 유적 개요

(발견 순서로 배열)

경상남도 남해군 양아리 암각화

경상남도 남해군 상주면 금산 남동쪽 기슭에 있는 2곳의 암각화 바위 가운데 양아리 암각화 바위 1이 속칭 서불과차徐市過此로 널리 알려진 것이다. 조선시대 후기 금석학자인 오경석吳慶錫(1831~1879)이 1860년 발견하여 《삼한금석록三韓金石錄》에 추사 김정희가 제주도 서귀포 해안 정방폭포 절벽에서 탁본한 마애각자가 진시황 때의 서불이 이곳을 지나가면서 남긴 글자라는 이야기와 함께 탁본과 글을 남겼다. N34°44′936″ E127°58′125″(EL215m)에 있는 길이×너비×높이 5.45×3.80×1.85미터 크기의 거북이를 닮은 큰 바위 북쪽 귀퉁이에 선문 및 점열문 12점, 바위구멍 3점이 새겨졌다.

[그림 91]
남해 양아리
암각화 바위 1

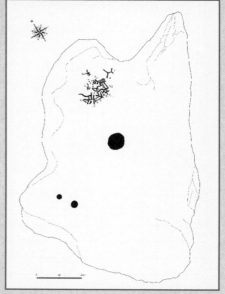

[그림 92]
남해 양아리
암각화 바위 1
실측도

울산 천전리 각석

울산광역시 울주군 두동면 천전리 산210-2번지(N35°36′51.3″ E129°10′30.4″, El81m)에 있다. 1970년 동국대학교박물관 불적조사단에 의해 발견되었다. 너비×높이 9.5×2.7미터 크기의 반듯하고 편평한 암면(주암면)과 북쪽에 있는 3개의 별면으로 이루어져 있다. 바위 앞

〈표 2〉 울산 천전리 각석 암각문 현황

전신상	인물상			동물상						기하문					명문		도구상	건조물	자연물	미상	총계
	안면	기마인물	우제목	식육목	어류/기타	조류	용	미상	마름모	동그라미	물결	격자	미상	명문	근현대	.	.	.	.	.	총계
A면 동물	3	1	.	92	25	6	.	.	55	.	.	.	.	.	.	.	1	.	1	31	215
A면 기하문	9	1	.	1	.	.	.	.	.	41	29	10	.	4	.	.	.	.	.	38	133
A면 세선기록화	22	.	23	27	.	.	2	4	2	.	.	.	.	.	.	.	2	18	14	13	127
A면 명문	.	.	.	.	.	.	.	.	.	.	.	.	.	.	218	3	.	.	.	.	221
B면	.	.	.	1	2	.	.	.	7	.	.	.	.	.	.	3	.	.	.	5	18
C면	.	.	.	.	.	.	.	.	.	.	1	2	.	.	.	11	.	.	.	14	28
D면	.	.	2	.	.	.	.	.	2	1	.	.	1	.	.	18	.	.	1	6	31
계	34	2	25	121	27	6	2	4	64	42	30	12	1	6	218	35	3	18	16	107	773

암각화, 바위에 새긴 역사 ──●

[그림 93] 울산 천전리 각석 암각문 분포

[그림 94] 울산 천전리 각석 주암면 기울기 상태

149

으로 대곡천이 흐른다. 동향인 주암면은 앞으로 15° 가까이 기울어졌다. 국보 147호로 지정되어 보호받고 있으며 세계문화유산 등재가 추진되는 대곡천 암각화군의 일부이다. 1970년 12월 25일 동국대학교 불적조사단에 의해 발견되었다. 주암면과 별면을 각각 A, B, C, D면으로 구분하여 살펴본 암각문 구성은 〈표 2〉와 같다.

암각화, 바위에 새긴 역사 ──●

고령 장기리 암각화

경상북도 고령군 대가야읍 장기리 산77번지와 장기리 532번지(N35°
42′455″ E128°17′309″ EL32m)에 있다. 보물 605호로 지정 보호되고 있
다. 1971년 1월 양전동 주민 조용찬의 제보로 영남대박물관에 의해
조사되었다. 주민들의 말에 따르면 낙동강의 지류인 회천 변에 제방
을 쌓아 물길을 돌리기 전까지는 양전동 알터마을 입구에 있는 암각
화 유적 앞으로 강물이 흘렀다고 한다. 암각화가 발견되기에 앞서
이 유적 주변에서는 석기와 석부, 석착 등이 무문토기 조각과 함께
다수 채집되었다. 양전동 알터마을에 있어 오랜 기간 양전동 암각
화, 양전동 알터 암각화로 불렸다. 암각화는 남서쪽을 바라보는 높
이×너비 9.50×25.0미터 크기의 수직 암벽에 새겨졌다. 암각화 바
위 상부에도 지름 20~50센티미터 크기의 바위구멍이 새겨졌다. 장
기리 암각화 암각문 구성은 〈표 3〉과 같다.

〈표 3〉 장기리 암각화 암각문 현황

	1	2	3	4	5	6	7	8	9	10	
	검파문	동심원	원	이중원	성기	동물발자국	다공문	선각	미상	바위화	총계
중심 암면	37	4	3	1	2	1	1	5	4	.	58
상면	.	.	.	.	.	.	.	.	.	37	37
계	37	4	3	1	2	1	1	5	4	37	95

울산 대곡리 반구대 암각화

울산광역시 울주군 언양읍 대곡리 991-3번지(N35°36′14.0″ E129° 10′40.0″, El80m)의 수직암벽에 있다. 암벽이 '⌐'자 형상으로 꺾여 있고 바위 절벽 위쪽이 집의 처마처럼 앞으로 튀어나와 비바람으로부터 잘 보호된다. 국보 285호로 지정되어 보호받고 있으며 세계문화유산 등재가 추진되는 대곡천 암각화군의 일부이다. 1971년 12월 25일 김정배, 이융조, 문명대에 의해 발견되었다.

암각화는 세일계 절리층이 발달한 자연암벽의 동-서 폭 25미터의 범위 안에 있다. 암각화가 집중된 주암면을 가운데 두고, 좌우로 이어지는 암면 여러 곳에도 암각화가 있다. 주암면을 I면으로, 서쪽과 동쪽의 각 암면을 II면, III면, IV면으로 구분하여 살펴본 암각문 구성은 〈표 4〉와 같다. 1965년 암각화 앞을 흐르는 대곡천 하류에 공업용수 공급을 위한 사연댐이 세워졌다. 이로 말미암아 여름 장마 기간에 내리는 비로 댐의 수위가 높아지면 유적 대부분이 장기간 수몰되었다가 갈수기에는 노출되는 일이 반복되면서 보존 문제가 제기되고 있다.

암각화, 바위에 새긴 역사 ──●

[그림 95] 울산 반구대 암각화 암각문 분포

[그림 96] 울산 반구대 암각화 수몰 상태

〈표 4〉 울산 대곡리 반구대 암각화 암각문 현황

전신상		인물상		동물상								도구상						미상		총계
		인면상	우제목	식육목(육지)〔포유류〕	식육목(해양)〔포유류〕	고래목〔포유류〕	조류	파충류·거북목	어류	종류미상	배	그물	방렴	부구	작살	종류미상	형태미상	형태미상	형태불명	
I	A	1	.	.	.	.	.	.	.	.	.	.	.	.	.	.	.	.	.	1
I	B	2	.	3	6	.	22	1	3	1	3	2	1	1	4	1	.	12	9	71
I	C	1	.	4	6	.	3	.	.	2	1	2	.	.	.	.	.	2	12	33
I	D	5	2	29	7	2	17	2	2	3	9	.	.	.	1	.	5	26	7	117
I	E	3	.	21	7	2	4	1	.	.	3	1	.	.	.	.	.	12	7	61
I	F	.	.	1	.	.	1	.	.	.	1	.	.	.	.	.	.	2	.	5
I	소계	12	2	58	26	4	47	4	5	6	17	5	1	1	5	1	5	54	35	288
II	A	1	.	4	1	.	1	.	.	.	.	.	.	.	.	.	.	3	1	11
II	B	.	.	.	.	.	1	.	.	.	.	.	2	.	.	.	.	.	1	4
II	C	.	.	.	.	.	.	.	.	3	.	.	.	.	.	.	.	.	.	3
II	D	.	.	.	.	.	2	.	.	.	.	.	.	.	.	.	.	1	.	3
II	소계	1	.	4	1	.	4	.	.	3	.	.	2	.	.	.	.	4	2	21
III	A	.	.	.	1	.	3	.	.	.	1	1	.	.	.	.	.	1	.	7
III	B	1	.	3	.	.	1	.	.	.	1	.	.	.	.	.	.	3	.	9
III	C	.	.	1	1	.	.	.	.	1	1	.	.	.	.	.	.	1	.	5
III	소계	1	.	4	2	.	4	.	.	1	3	1	.	.	.	.	.	5	.	21
IV	A	.	.	.	1	.	.	.	.	.	1	.	.	.	.	.	.	.	.	2
IV	B	.	.	1	.	.	.	.	.	.	.	.	.	.	.	.	.	3	3	7
IV	C	.	.	1	.	.	.	.	.	.	.	.	.	.	.	.	.	.	.	1
IV	D	.	.	1	2	.	2	.	.	.	.	.	.	.	.	.	.	7	1	13
IV	소계	.	.	3	3	.	2	.	.	.	1	.	.	.	.	.	.	10	4	23
계		14	2	69	32	4	57	4	5	10	21	6	3	1	5	1	5	73	41	353
		16		202								21						114		

포항 인비리 암각화

경상북도 포항시 북구 기계면 인비리 46-11번지와 46-12번지에 있다. 암각화는 1984년 7월 18일~7월 27일에 걸쳐 국립경주박물관 학예실 조사팀이 월성군과 영일군 일대 선사시대 유적 지표조사를 실시하던 중 기계면 인비리16호 고인돌무덤 상석에서 발견했다. 인비리 고인돌무덤들의 북쪽으로 완만한 구릉이 펼쳐지며 남쪽으로 형산강의 지류인 기계천이 흐른다. N36°05′348″ E129°09′269″ EL80m 지점에 있는 길이×너비×높이 1.35×2.56×1.55미터 크기의 인비리16호 고인돌무덤 상석 남쪽 면과 동쪽 면에 새겨진 암각문은 검문 2점, 화살촉 1점, 바위구멍 18점 등 모두 21점이다.

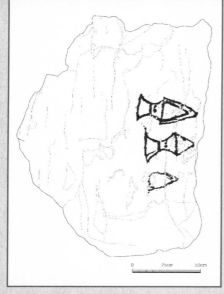

[그림 97]
포항 인비리
암각화

[그림 98]
포항 인비리
암각화
실측도

영주 가흥동 암각화

경상북도 영주시 가흥동 264-2번지(N36°48′354″ E128°36′461″ EL145m)에 있으며 경상북도 유형문화재 248호로 지정, 보호되고 있다. 1989년 5월 14일 영남일보 박홍국 기자에 의해 발견되었다. 암각화는 부처당바위로 불리는 영주 가흥동 마애여래삼존상(보물 221호)이 새겨진 큰 절벽바위의 서남쪽 아래 끝부분에 새겨졌다. 현재는 영주-예천 사이 국도 건설 등으로 물길이 바뀌었으나 그 이전에는 암각화가 새겨진 바위 아래로 내성천의 지류인 서천이 흘렀다고 한다. 너비×높이 2.87×1.24미터 크기의 장방형 암벽에 새겨진 암각문은 검파문 12점, 선각 1점, 바위구멍 2점 등 모두 15점이다.

[그림 99] 영주 가흥동 암각화

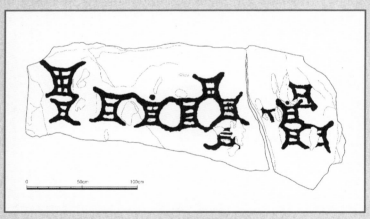

[그림 100] 영주 가흥동 암각화 실측도

포항 칠포리 암각화

포항시 홍해읍 칠포리 201, 산92, 334, 749번지 일원에 있으며 경상북도 유형문화재 249호로 지정, 보호되고 있다. 1989년 11월 23일 포철고문화연구회의 이하우에 의해 첫 발견이 이루어졌고 1994년 4월까지 곤륜산 일원 7곳에서 다수의 암각화 유적이 발견, 조사되었다. 칠포리 암각화는 바위 분포에 따라 Ⅰ지구부터 Ⅵ지구까지 나누어 살펴볼 수 있다. 칠포리 Ⅰ지구는 곤륜산(177미터) 북서쪽 계곡 일대 5개 지점에 분포하는 암각 유적이다. 칠포리 Ⅱ지구는 곤륜산 북동쪽 계곡 일대이다. 칠포리 Ⅲ지구는 칠포2리 마을 뒤 구릉지 상두들 바위에서 조사된 암각 유적이다. 칠포리 Ⅳ지구는 농발재 위아래이다. 칠포리 Ⅴ지구는 상두들 일대 암각 고인돌이다. 칠포리 Ⅵ지구는 상두들 동쪽 구릉지의 제단바위이다. 칠포리 암각화의 암각문 구성은 〈표 5〉와 같다.

〈표 5〉 포항 칠포리 암각화 암각문 현황

	1 검파문	2 석검문	3 성기문	4 검날(석촉)	5 선각	6 선각바위구멍	7 인면	8 동물발자국	9 윷판	10 미상	총계
I지구	27	2	26	1	5	.	.	1	.	1	63
II지구	15	.	1	.	1	.	1	.	14	4	36
III지구	1	.	.	1	.	.	.	.	.	.	2
IV지구	1	1	1	.	5	.	.	2	6	8	24
V지구	.	.	.	.	.	5	.	.	1	1	7
VI지구	.	.	.	.	4	2	.	.	.	.	6
계	44	3	28	2	15	7	1	3	21	14	138

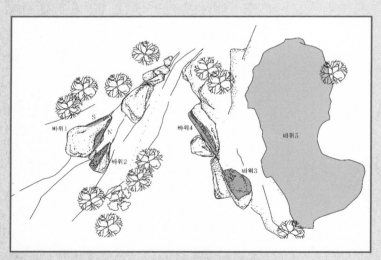

[그림 101] 포항 칠포리 II지구 암각화 바위 분포도

160

[그림 102] 포항 칠포리 II지구 바위 1 남면 암각화

[그림 103] 포항 칠포리 II지구 바위 1 북면 암각화

여수 오림동 암각화

1989년 12월~1990년 1월 전남대학교박물관에서 실시한 진남체육공원 조성을 위한 여수 오림동 유적(전남 여수시 오림동 102번지) 발굴조사 중 오림동5호 고인돌무덤 상석에서 발견되었다. 오림동 5호 고인돌무덤은 오림동 고인돌무덤군의 중앙 남쪽 편에 조성되어 있었으며 주민들에게 '배바우'로 불렸다. 길이×너비×높이 3.97×2.84×1.80미터 크기 고인돌무덤 상석 남면에서 석검 2점, 인물상 2점, 미상의 암각 1점, 낙서 1점 등 모두 6점의 암각문이 조사되었다.

[그림 104] 여수 오림동 암각화(석검)

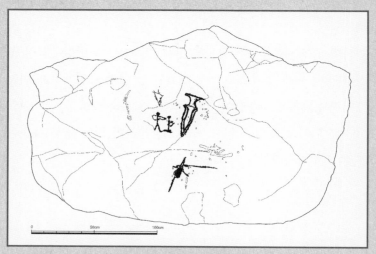

[그림 105] 여수 오림동 암각화 실측도

함안 도항리 암각화

경상남도 함안군 가야읍 도항리 763-2번지(E35°15′439″ E128°24′228″, 해발 26미터)에 있다. 1991년 1월 말 국립창원문화재연구소(현 국립가야문화재연구소)에서 실시한 함안 도항리 및 말산리고분군 지표조사 중 도항리34호분 흙무지 서쪽 경사면에서 발견되었다. 길이×너비×높이 2.30×1.10×0.40미터 크기의 함안 도항리다호 고인돌무덤 상석에서 동심원문 11점, 배 모양 선각 1점, 선문 14점, 바위구멍 352점 등 모두 378점의 암각문이 확인되었다. 1991년 4월 15일~7월 30일 국립창원문화재연구소가 실시한 발굴조사를 통해 도항리고분군은 청동기시대 고인돌무덤을 파괴하면서 축조되었고, 고인돌무덤들 역시 앞 시기의 송국리형주거지를 파괴하면서 조성되었음이 확인되었다. 암각화는 고인돌무덤의 조성 과정에 원래 있던 장소에서 채석된 뒤 옮겨진 덮개돌에 이미 새겨진 상태였을 가능성이 크다. 도항리고분군은 현재 사적 84호로 지정되어 보호되고 있다. 도항리고분군이 있는 구릉 주변은 본래 낮은 저습지였다고 한다.

남원 대곡리 암각화

전라북도 남원시 대산면 대곡리 401번지(N35°24′322″, E127°18′ 362″, EL100m) 봉황대로 불리는 작은 봉우리 정상부 남서쪽 바위에 있다. 1991년 3월 16일 국사편찬위원회에 재직하던 김광에 의해 남원 대곡리 풍악산 남편 봉황대의 남서쪽 바위에서 발견되었다. 봉황대는 봉황대 아래 대실마을에 경사가 있으면 반드시 우는 바위라고 하여 '명암鳴巖'으로 불리며 신성시되는 장소였다. 봉황대 앞으로는 대곡천이 흐른다. 3곳의 바위 면에서 검파문 6점, 선각 1점, 윷판 2점, 바위구멍 22점 등 모두 32점의 암각문이 조사되었다.

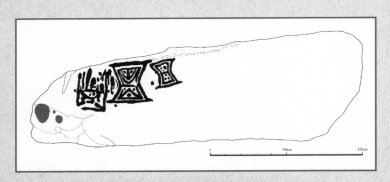

[그림 106] 남원 대곡리 암각화 바위 1 실측도

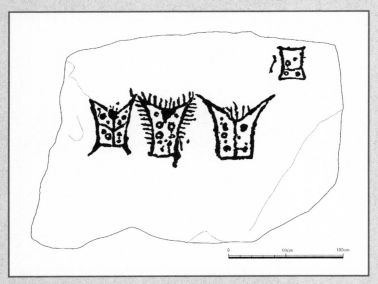

[그림 107] 남원 대곡리 암각화 바위 2 실측도

안동 수곡리 암각화

경상북도 안동시 임동면 수곡리 산 45-3번지(N36°33′689″ E128°54′ 632″, EL219m) 산의 8부 능선 길이×너비×높이 22.60×17.25× 3.75미터 크기의 너럭바위에 있다. 바위의 북동쪽은 흙으로 덮여 있고, 남서쪽은 수직의 절벽이다. 암각화는 바위 남쪽 면에 주로 새겨졌다. 1986년 안동군청 건설과 토목주사 김영식에 의해 발견 되어 안동문화연구회에 의해 현장 조사가 이루어졌다. 김영식이 임하댐 수몰지구 마을문화 현황조사 및 주민 이주대책 의견청취 중 한들마을 주민들에게서 비봉산 북편 자락에 신선대, 신선바위 로 불리는 곳에 윷판이 새겨져 있다는 이야기를 듣고 현장에 가 이를 확인했다. 그 뒤 김영식이 안동문화연구회 월례회에 이를 보고하면서 '한들마을 선사암각화'가 세상에 알려지게 되었다. 한들마을이 수몰되기 전에는 신선바위에서 남쪽으로 한들마을 앞을 가로지르는 대곡천이 잘 보였다고 한다. 수곡리 암각화에서 확인되는 암각문 가운데 다수를 이루는 여성 성기문은 발견 이후 한동안 말굽형 암각화로 불렸다. 한 겹이나 두 겹의 반원 안에 짧 은 수직선을 긋는 방식으로 표현되는 음문이 말굽을 연상시키기 도 하지만 여성의 성기를 묘사한 것이라는 해석이 일반적이다. 수곡리 암각화의 암각문 구성은 〈표 6〉과 같다.

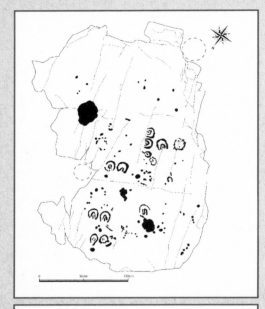

[그림 108]
안동 수곡리 암각화
S3면 실측도

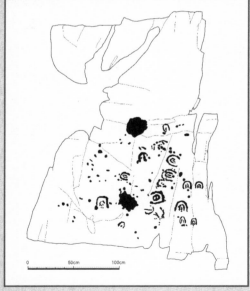

[그림 109]
안동 수곡리 암각화
S4면 실측도

<表 6> 안동 수곡리 암각화 암각문 현황

	1 기둥구멍	2 장대구멍	3 연결바위구멍	4 윷판	5 여성성기문	6 발자국	7 명문	8 점열문	9 선	10 미상(활?)	11 미상	12 수조시설	총계
S1	2	1	.	.	.	.	.	.	.	.	.	.	3
S2	1	1	2	2	.	1	2	4	5	.	.	.	18
S3	1	2	.	5	14	.	.	.	4	.	3	.	29
S4	1	1	.	1	16	.	.	.	4	.	2	.	25
S5	.	2	.	2	.	.	.	3	.	.	1	.	8
S6	1	2	.	.	.	.	.	.	.	.	.	.	3
N1	.	3	.	3	4	.	3	2	.	.	.	1	16
N2	.	.	.	5	21	.	.	23	12	4	2	.	67
N3	.	1	.	1	3	.	.	.	.	.	.	.	5
계	6	13	2	19	58	1	5	32	25	4	8	1	174

영천 보성리 암각화

경상북도 영천시 청통면 보성리 659-5번지(N35°59′386″ E128°50′ 275″ EL113m)에 있으며 경상북도 유형문화재 286호로 지정, 보호되고 있다. 1992년 11월 화가 이철희의 제보로 같은 해 12월 전주 대학교 교수 송화섭에 의해 조사, 보고되었다. 길이×너비×높이 3.35×1.44×0.95미터 크기의 바위에서 검파문 16점, 원문 1점, 선각 7점, 미상의 암각 2점 등 모두 26점의 암각문이 확인되었다. 암각화 바위는 1987년 봉수마을 주민들이 마을 남서쪽을 흐르는 용연천 주변 농지를 정리하면서 개울 옆에 옮겨 두었다가 한 주민이 돌이 거북 모양인 점을 상서롭게 여겨 마을 입구로 다시 옮긴 뒤 암각화를 발견했다고 한다.

암각화, 바위에 새긴 역사 ──●

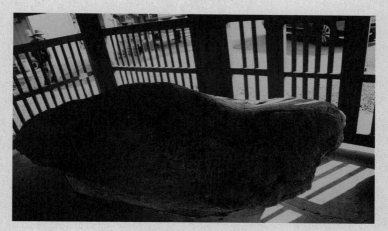

[그림 110] 영천 보성리 암각화

[그림 111] 영천 보성리 암각화 실측도

고령 안화리 암각화

경상북도 고령군 쌍림면 안화리 산 1번지(N35°42′068″ E128°15′381″ EL41m)에 있다. 암각화가 새겨진 바위는 안화리 안림천변 서쪽 절벽지대와 절벽 근처 산기슭에 흩어져 있다. 제방이 축조되고 도로가 개설되기 전에는 암각화가 새겨진 절벽 앞으로 강물이 흘렀을 가능성 크다. 1993년 4월 7일 고령군청 홍대순 과장에 의해 1차 발견된 뒤, 1994년 12월 24일 효성여대 최광식 교수 유적답사팀(최광식, 이상길, 이근직, 이재중)에 의해 현장 답사 및 추가 발견이 이루어졌다. 각각 너비×높이 1.79×2.60미터, 1.87×0.58미터, 1.14×1.16센티미터인 세 곳의 바위에서 검파문 12점, 선각 5점, 동심원문 1점, 미상의 암각 1점 등 모두 19점의 안각문이 확인되었다.

[그림 112] 고령 안화리 바위 3 암각화

0 25cm 50cm

[그림 113] 고령 안화리 암각화 바위 3 실측도

고령 지산동 암각화

경상북도 고령군 지산리 산23-1번지 지산동30호분에서 수습되어 고령 대가야박물관에 수장되어 있다. 1994년 9월 8일부터 1995년 5월 30일까지 영남매장문화재연구원에 의해 이루어진 고령군 대가야왕릉전시관 건립부지 발굴조사 중 고령 지산동30호분 주석실 상석과 주석실 바닥 아래 설치된 하부석곽 상석에서 발견되었다. 무덤을 만들기 위한 석재를 채취하는 과정에 암각화가 새겨진 암벽이 훼손되었고, 암각화가 있는 2매의 장방형 석재가 다른 암석들과 함께 석실 및 부곽 축조에 사용된 것으로 보인다. 검파문 1점과 성교 형상 암각 1점 등이 확인되었다.

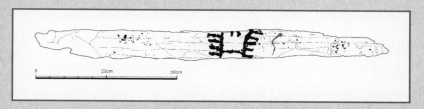

[그림 114] 고령 지산동 암각화 바위 1 실측도

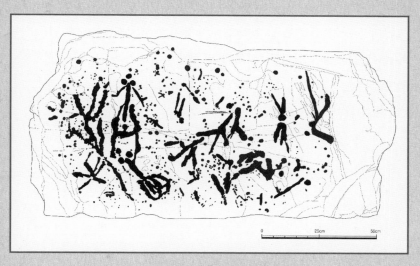

[그림 115] 고령 지산동 암각화 바위 2 실측도

경주 석장동 암각화

경상북도 경주시 석장동 산 38-9번지(N35°51′372″ E129°12′034″ EL35m)에 있으며 경상북도 기념물 제98호로 지정되어 보호되고 있다. 1994년 3월 20일 동국대학교 고고미술사학과 학생 이동헌, 한정호, 윤소영이 금장대 일대 지표조사 실습 중 발견하여 고고미술사학과 안재호 교수팀에 의해 암면 노출을 위한 긴급조사가 이루어졌다. 암각화가 있는 바위는 너비×높이 10.80×1.80미터 크기의 동남향 암벽으로, 암각화는 병풍처럼 펼쳐진 긴 암벽 남쪽 면에 집중되어 있다. 바위지대 위쪽에 금장대가 있다. 금장대 앞으로는 형산강이 흐른다. 경주 석장동 암각화의 암각문 구성은 〈표 7〉과 같다.

	1 검파문	2 석검	3 사람발자국	4 동물발자국	5 사람	7 동물	8 부정형	9 배	10 성기	11 선문	12 다공문	13 미상	14 명문(낙서)	15 마애불	총계
S1	3	1	1	6	1	1	3	.	1	.	.	4	.	.	21
S2	2	.	.	5	.	.	.	2	1	.	1	.	.	.	11
S3	6	6	3	25	.	1	1	.	5	.	4	.	.	.	51
E1	.	8	.	.	.	.	.	.	.	.	.	.	5	.	13
E2	1	1	.	.	.	.	.	.	.	1	.	.	.	.	3
별면	.	.	.	.	.	.	.	.	.	.	.	.	.	1	1
계	12	16	4	36	1	2	4	2	7	1	5	4	5	1	100

경주 안심리 암각화

경상북도 경주시 내남면 안심리 14번지(N35°44′162″ E129°10′215″ EL82m)에 있으며 경상북도 문화재자료 312호로 지정되어 보호되고 있다. 1995년 1월 19일 신라문화동인회에서 활동하던 향토사학자 송재중에 의해 경주시 내남면 안심리 광석마을 앞 들판 한가운데에서 발견되었다. 마을에서는 이 바위에서 여우가 울었다 하여 여시바위라 불렀다고 한다. 바위 앞쪽으로 작은 개울이 흐른다. 길이×너비×높이 2.20×2.08×2.00미터 크기의 바위에서 검파문 29점, 선문 12점, 바위구멍 11점, 미상 암각 2점 등 54점의 암각문이 확인되었다.

[그림 116] 경주 안심리 암각화(동면)

0   50cm   100cm

[그림 117] 경주 안심리 암각화 실측도(동면)

179

동래 복천동 암각화

1994년 3월 28일~1995년 1월 26일 부산시립박물관이 시행한 부산광역시 동래구 복천동고분군 5차 발굴조사 과정 중 복천동79호분 석곽 서벽 북쪽 하단 석재에서 발견되었다. 길이×너비×두께 51.5×18.5×21센티미터 크기 석재에서 동심원문 1점, 나선문 1점, 선문 1점, 미상의 암각 1점 등 4점의 암각문이 확인되었다. 암각화가 새겨진 복천동79호분 석곽 출토 석재는 기암절벽을 이루는 곳이 많은 복천동고분군 동북쪽의 수영천 변에서 채석되었을 가능성이 크다. 암각화는 발견 장소인 부산광역시 동래구 복천동 50번지에서 옮겨져 현재 부산 복천박물관에 소장되어 있다. 동래 복천동고분군은 사적273호로 지정되어 보호되고 있다.

암각화, 바위에 새긴 역사 ──●

사천 본촌리 암각화

1995년 7월 19일~10월 6일 경상대박물관이 시행한 경상남도 사천 본촌리 유적 발굴 도중 나지구 나10호 청동기시대 주거지 중앙 수혈에서 수습된 길이×너비×두께 50.5×22×14.7센티미터 크기의 숫돌에서 검문 1점, 원문 1점이 확인되었다. 유적 조사 당시 암각화 석재는 세 조각으로 깨진 상태로 수집되었으며 단순한 숫돌 조각으로 분류되었다. 암각화는 유물 복원 과정에도 발견되지 않았으며 2000년 겨울 경상대학교박물관 수장고에서 학생 이경근에 의해 처음으로 발견되었다.

제주 고산리 암각화

1997년 제주시 한경면 고산리 3628번지 일대 고산리 유적의 돌담 경계석 근처에서 김종찬이 수습한 길이×너비×두께 24.7×21.8×6.5센티미터 크기의 갈돌에서 32점의 가로 선문, 36점의 세로 선문, 12점의 사선문 등 모두 80점의 선문이 확인되었다.

[그림 118] 제주 고산리 암각화

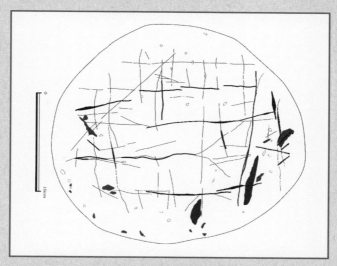

[그림 119] 제주 고산리 암각화 실측도

제주 금성리 암각화

1999년 제주대박물관이 시행한 제주시 애월읍 금성리 일대 지표 조사 과정에 수습된 갈돌에 암각화가 새겨진 사실이 확인되었다. 7개의 이중 나선문이 갈돌 배면의 둥근 부분에 새겨졌다.

달서 진천동 암각화

대구광역시 달서구 진천동 470-38번지 진천동 선사유적공원
(E35°48′595″ E128°31′306″, EL38m)에 있다. 길이×너비×높이 1.70×
0.54×1.53미터 크기의 선돌에 동심원문 5점, 반원선각문 1점, 바
위구멍 11점 등 모두 17점의 암각문이 새겨졌다. 1997년 10월
~1998년 1월 경북대학교박물관이 실시한 진천동 선사시대 주거
지 수습조사 및 진천동지석묘 I(진천동 입석)에 대한 발굴조사 중 선
돌의 앞면과 옆면에서 발견되었다. 이 선돌은 조사 당시 아랫부
분이 땅 속에 묻혀 있었다. 선돌이 세워진 석축기단 북쪽에서 3
기, 동쪽에서 2기의 석관묘가 확인되었다. 예전에는 진천동 입석
의 석축 남쪽 기단에 잇대어 개울이 흘렀다고 한다.

밀양 활성동 암각화

2001년 12월 19일~2002년 12월 24일 경남발전연구원이 시행한 경상남도 밀양시 활성동 465-5번지 일대 살내 유적 발굴 중 살내 1호 고인돌무덤 덮개돌 하부의 장방형 묘역 시설에서 암각화 석재 2점이 발견되었다. 묘역 시설 동쪽이 무너진 상태에서 암각화 석재들이 발견되어 본래 이 석재들이 어떤 상태로 놓여 있었는지는 알 수 없다. 석재의 깨진 상태로 보아 고인돌무덤 하부 묘역 시설 축조에 필요한 석재를 마련하는 과정에 암각화가 새겨졌던 바위가 여러 조각으로 깨진 것으로 보인다. 길이×너비×높이 29.5×28.5×32센티미터 크기의 석재1에서 검문 2점, 여성 성기문 1점이, 35.5×22×22센티미터 크기의 석재2에서 선각 7점, 점각 1점, 미상의 암각 1점 등 모두 12점의 암각문이 확인되었다.

포항 석리 암각화

2002년 경상북도 포항시 남구 동해면 약전리 산 10-5번지에서 한
국선사미술연구소 소장 이하우에 의해 발견되었다. 암각화 바위는
동해면과 구룡포읍을 잇는 31번 도로 아래의 구 도로 곁 밭 가장자
리에 있었다. 바위의 서쪽 800미터 거리의 금광리에 고인돌무덤이
다수 있으며 동북쪽 6킬로미터 지점에 윷판형 암각화로 알려진 윷
판재가 있다. 길이×너비×높이 142×136×50센티미터 크기의 바
위에 인면 1점, 바위구멍 6점 등 모두 11점의 암각문이 확인되었
다. 암각화 바위는 2009년 1월 석리마을 입구로 옮겨졌다.

제주 광령리 암각화 1

제주시 애월읍 광령리 1665번지(N33°28′336″ E126°26′163″, EL75m)
의 과수원 돌담에 있다. 2003년 겨울 제주문화예술재단 문화재연
구소의 지표조사 중 동행했던 러시아 극동시베리아연구소의 알
킨 박사에 의해 밀감과수원 북쪽 석축 하단에서 발견되었다. 과
수원 근처에 제주도에서도 고인돌무덤의 밀집도가 높은 것으로
잘 알려진 외도·광령리 고인돌무덤들이 있으며 밀감과수원 주변
도 1980년대 중반까지 40여 기의 고인돌무덤이 무리 지어 있던
곳이다. 길이×너비×두께 각 1.2×0.8×0.6미터 크기의 현무암
석재에 쪼기와 긋기, 갈기 기법으로 가운데 바위구멍을 만들고
둘레를 둥글게 처리한 다음 다수의 선이 방사선 꼴로 뻗어나가는
형상의 암각문이 새겨졌다.

무산 지초리 암각화

2004년 함경북도 무산군 지초리 두만강 강변 바위절벽 동굴 입구 바위 면에서 서국태에 의해 발견되었다. 편평하게 다듬은 너비×높이 3.2×1.3미터 크기의 바위 면에서 나선문 14점, 동심원문 6점, 겹마름모문 1점, 원문 6점이 확인되었다.

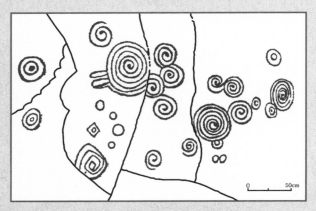

[그림 120] 무산 지초리 암각화 실측도

[그림 121] 밀양 안인리 암각화

포항 대련리 암각화

2006년 동대해문화연구소 조사단에 의해 경상북도 포항시 북구 흥해읍 대련리 산 79-4에서 발견되었다. 암각화 바위는 석지골로도 불리는 대련3리 도음산 동남쪽 기슭으로 나지막하게 솟은 구릉 위에 있다. 이 일대는 대련리고분군으로 불리는 삼국시대 고분들이 다수 조성된 곳이다. 암각화는 구릉 서쪽의 파괴된 석곽묘 상석에서 확인되었다. 길이×너비×두께 1.82×0.42×0.42 미터 크기의 석재에서 인물상 1점, 선각 5점 등 6점의 암각문이 확인되었다.

밀양 안인리 암각화

2002년 11월 27일~2003년 6월 10일 경남발전연구원이 시행한 경상남도 밀양시 상동면 안인리 1213번지 밀양 안인리 신안 유적 발굴 중 안인리1호 고인돌무덤 상석과 안인리4호 고인돌무덤 하부 묘역 시설 석재에서 암각화가 발견되었다. 여성 성기문이 새겨진 안인리1호 고인돌무덤 상석은 발굴 뒤 복토 보존되었다. 동심원문 1점 등 7점의 암각문이 조사된 안인리4호 고인돌무덤 석재(길이×너비×두께 28×27×36센티미터)는 국립김해박물관에 수장되었다.

달성 천내리 암각화

2007년 대구광역시 달성군 화원읍 천내리 516-5번지 화장사 경내 천내리3호 고인돌무덤 상석에서 이하우에 의해 발견되었다. 길이×너비×높이 4.33×2.06×2.26미터 크기의 상석에서 동심원문 9점이 조사되었다. 현지에서는 암각화가 새겨진 천내리3호 고인돌무덤 상석을 칠성바위라 부르며 신성시한다. 유적의 북쪽 1.2킬로미터 거리에 진천천이 흐르고 남쪽 370미터 거리에서는 천내천이 흐른다. 유적 주변은 저습지였으나 지금은 매립되어 밭으로 경작되고 있다. 1970년대까지는 천내천 주변에 200여 기의 고인돌무덤이 있었다고 한다. 천내리 고인돌무덤들이 분포한 곳에서 동북으로 약 1.9킬로미터 떨어진 지점에 진천동 선돌 암각화가 있다.

[그림 122] 달성 천내리 암각화

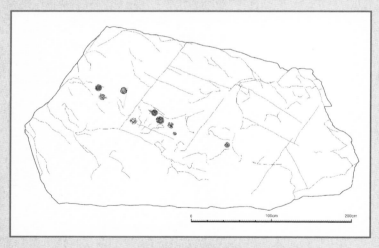

[그림 123] 달성 천내리 암각화 실측도

고령 봉평리 암각화

경상북도 고령군 운수면 봉평리 산 102번지에 있다. 2008년 12월 10일 고령 대가야박물관의 신종환, 배상우에 의해 발견되어 같은 해 12월 16일까지 대가야박물관 학예팀에 의해 조사되었다. 암각화 노출 과정에 소량의 청동기시대 석기 박편이 수습되었다. 암각화가 새겨진 바위는 봉평리 순평마을 동쪽 해발 220미터 산의 서남쪽 2부 능선에 있다. 발견 당시에는 암각화가 새겨진 바위 면의 하부 대부분이 땅속에 묻힌 상태였다. 본래는 바위 면의 상부에도 암각화가 새겨졌을 가능성이 있으나 풍화가 심해 모두 없어진 듯하다. 너비×높이 1,100×260센티미터 크기 암벽 하단부에서 동심원 4점을 비롯하여 모두 32점의 암각문이 확인되었다.

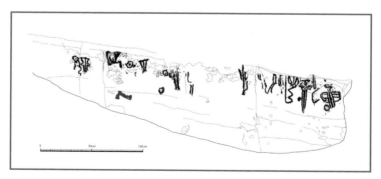

[그림 124] 고령 봉평리 암각화 실측도

나주 운곡동 암각화

2008년 2월~2009년 3월 마한문화연구원이 실시한 나주지방산업
단지 조성을 위한 나주 운곡동 유적 발굴조사 중 전라남도 나주시
운곡동 240-7, 184-23, 184-20번지 일대에서 발견되었다. 청동
기시대 고인돌무덤으로 석재 채석장으로 추정되는 암석지대의 바
위 7곳과 산성고인돌무덤 2기의 상석에서 사다리꼴이나 일반 격자
문 형식의 선문이 다수 확인되었다.

암각화, 바위에 새긴 역사 ──●

의령 마쌍리 암각화

2010년 경남발전연구원이 시행한 경상남도 의령군 대의면 마쌍리 369-5번지 일대의 발굴조사 중 마쌍리1호 적석토광묘 북서쪽 모서리에서 발견되었다. 길이×너비×두께 25.7×12.2×8.3센티미터 크기의 석재의 앞뒤에서 각 1점의 검문이 발견되었다. 이 암각화 석재는 숫돌로 사용되다가 무덤 벽석으로 쓰인 것으로 추정된다.

[그림 125] 의령 마쌍리 암각화 앞면

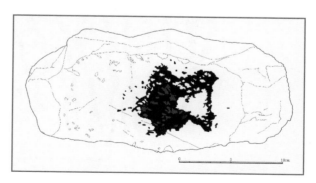

[그림 126] 의령 마쌍리 암각화 앞면 실측도

강화 고구리 암각화

인천광역시 강화군 교동면 고구리 산145번지(E 37°46′756″N 126°17′729″EL 253m) 화개산(259.5m) 정상부 남쪽 바위지대에 있다. 길이×너비×높이 180×57×85센티미터 크기의 바위에서 선문 4점, 바위구멍 9점 등 모두 13점의 암각문이 조사되었다. 2015년 울산대 반구대암각화유적보존연구소 조사팀에 의해 발견되었다.

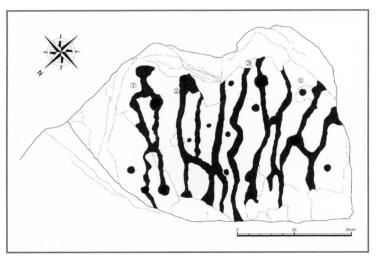

[그림 127] 강화 고구리 암각화 실측도

암각화, 바위에 새긴 역사 ——●

제주 광령리 암각화 2

2015년 제주시 애월읍 광령리 1825-1번지(N33°28′191″ E126°26′ 237″, EL83m)에서 울산대 교수 전호태에 의해 발견되었다. 길이× 너비×높이 2.14×1.23×0.62미터 크기 고인돌 상석에서 20점의 바위구멍이 확인되었다.

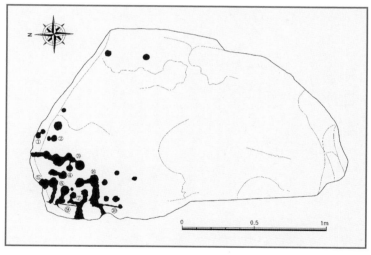

[그림 128] 제주 광령리 암각화 2 실측도

군위 수서리 암각화

2015년 경상북도 군위군 군위읍 수서리 1650-1번지(N36°12′574″ E128°33′504″ EL82m) 서군교 다리 아래 위천에 잠긴 상태로 울산대 반구대암각화유적보존연구소 조사팀에 의해 발견되었다. 길이× 너비×높이 230×170×29센티미터 크기의 바위에서 검파문 15점 등 모두 24점의 암각문이 확인되었다. 본래는 고인돌무덤 상석이 었으나 고인돌무덤의 하부구조는 조사되지 않았다.

암각화, 바위에 새긴 역사 ──●

[그림 129]
군위 수서리
암각화
(세부)

[그림 130]
군위 수서리
암각화
실측도

상주 물량리 암각화

2017년 경상북도 상주시 낙동면 물량리 산 18번지(N36°23′468″ E128°17′518″ EL57m) 바위절벽에서 울산대 반구대암각화유적보존연구소 조사팀에 의해 발견되었다. 너비×높이 9.66×2.80미터 크기의 암벽에서 남녀 인물상을 비롯하여 27점, 이외 3개의 바위면에서 17점, 총계 44점의 암각문이 조사되었다.

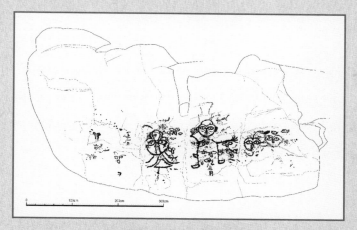

[그림 131] 상주 물량리 주암면 암각화 실측도

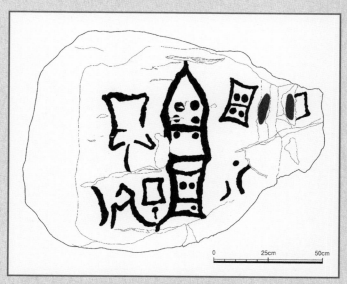

[그림 132] 포항 신정리 암각화 실측도

포항 신정리 암각화

경상북도 포항시 남구 동해면 신정리 산 9번지(N35°59′017″, E129° 27′478″, EL107m)에 있다. 세 곳의 바위에서 검파문 12점, 석검문 2점 등 모두 45점의 암각문이 조사되었다. 2017년 전상호에 의해 발견되었다.

하동 고포리 암각화

2017년 경상남도 하동군 금성면 고포리 산 53-1번지의 두우산 (191미터) 정상 근처(N34°58′42.33″, E127°46′23.16″, EL185m)에서 이하우에 의해 발견되었다. 길이×너비×높이 3.10×1.74×0.43미터 크기의 편평한 암반에서 검문 1점, 바위구멍 1점이 조사되었다.

지도·표·그림 목록

암각화, 바위에 새긴 역사 ──●

저자의 암각화 논문 및 보고서

전호태, 〈울주 대곡리, 천전리 암각화〉, 《한국의 암각화》, 한길사(한국역사민속학회), 1996.

전호태, 〈울주 천전리 서석 세선각화 연구〉, 《울산연구》 1, 울산대학교 박물관, 1999.

전호태, 〈울산 반구대 암각화 보존론〉, 《한국암각화연구》 2, 2000.

전호태, 〈울산 반구대 암각화 실측형상 재분류 및 새김새 재검토〉, 《울산사학》 9, 2000.

전호태, 〈울산 반구대 암각화 편년론〉, 《울산사학》 10, 2001.

전호태, 〈천전리 서석 암각화와 명문〉, 《울산광역시사》 1(역사편), 2002.

전호태, 《울산의 암각화―울산 대곡리 반구대 암각화론》, 울산대출판부, 2005.

전호태, 〈울주 천전리 서석 암각화 및 명문의 연구현황과 과제〉, 《한국암각화연구》 6, 2005.

전호태, 〈반구대 암각화, 울산학, 역사교육의 유기적 연계와 순환관계 시론〉, 《인문논총》 27,
   2008.

전호태, 〈한국의 선사 및 고대 초기예술과 반구대 암각화〉, 《역사와경계》 85, 2012.

전호태, 《울산 반구대 암각화 연구》, 한림출판사, 2013.

전호태, 〈울산 천전리 서석 암각화의 용〉, 《한국고대사연구》 77, 2015.

전호태, 〈울산 반구대 암각화 편년론의 추이와 전망〉, 《울산사학》 19, 2015.

전호태, 〈천전리 암각화로 본 한국 선사 및 고대 미술양식〉, 《역사와현실》 101, 2016.

전호태, 〈울주 천전리 각석의 세선각화와 동아시아 선사고대미술로 본 기록문화〉,
　　《선사와 고대》 47, 2016.

전호태, 〈한국 암각화 전시교육 디지털 아카이브 구축을 위한 기본개념 설정 및
　　시행방안 연구〉, 《고문화》 87, 2016.

전호태, 〈한국 암각화의 디지털 전시 및 교육 프로그램 개발 연구〉, 《글로벌문화콘텐츠》
　　25, 2016.

전호태, 〈한국암각화 디지털박물관 전시콘텐츠 연구〉, 《인문콘텐츠》 43, 2016.

전호태, 〈울산 반구대 암각화와 천전리 각석 연구의 추이와 전망〉, 《울산사학》 20, 2016.

전호태, 〈고령 장기리 암각화 연구〉, 《한국고대사연구》 88, 2017.

전호태, 〈대가야 건국신화와 고령 장기리 알터 암각화〉, 《한국암각화연구》 21, 2017.

전호태, 〈한국의 검파문 암각화와 문화유산 스토리텔링〉, 《역사와 경계》 105, 2017.

전호태, 〈울산 천전리 암각화 동물물 연구〉, 《한국사연구》 182, 2018.

전호태, 〈천전리 각석 명문 연구〉, 《한국고대사연구》 91, 2018.

전호태, 〈울주 천전리 각석의 가치와 의미〉, 《한국문화연구》 39, 2020.

전호태, 〈울주 천전리 각석 암각화 기하문 연구〉, 《역사와 세계》 58, 2020.

전호태, 〈암각화와 고분벽화로 본 한국 고대 미술의 전개과정〉, 《역사와 현실》 118, 2020.

전호태, 〈구름돌의 나선문, 제주 금성리 암각화 연구〉, 《한국암각화연구》 24, 2020.

전호태, 《글바위, 하늘의 문—울산 천전리 각석 이야기》, 진인진, 2020.

전호태, 〈울산 천전리 각석과 신성공간〉, 《역사와 세계》 60, 2021.

전호태, 〈울산 반구대 암각화의 가치와 의미〉, 《역사문화연구》 80, 2021.

전호태, 《울산 천전리 각석 암각화 톺아읽기》, 민속원, 2021.

전호태, 〈울산 천전리 각석과 신성공간〉, 《역사와 세계》 60, 2021.

전호태, 〈상주 물량리암각화로 본 선사 및 고대 한국의 눈 관념〉, 《한국문화연구》 43, 2022.

전호태, 《반구대 이야기-새김에서 기억으로》, 성균관대출판부, 2023.

전호태·장명수·강종훈·남연의·윤효정, 《울산 천전리 암각화》, 울산대학교 반구대
   암각화유적보존연구소, 2014.

전호태·장장식·이하우, 〈강화 고구리 암각화의 성격과 의미〉, 《한국암각화연구》 19, 2015.

전호태·이하우·남연의, 〈군위 수서리 암각화의 발견과 의의〉, 《한국암각화연구》 19, 2015.

전호태·이하우·남연의, 〈새로 발견된 제주 암각화의 자료적 의미와 가치〉,
   《한국암각화연구》 19, 2015.

전호태·이하우·남연의·박초아, 《한국의 검파형 암각화》, Hollym, 2016.

전호태·이하우·박초아, 《한국의 풍요제의 암각화》, Hollym, 2017.

전호태·이하우·박초아, 《국보 285호 울산 반구대 암각화》, 울산대출판부, 2018.

전호태·이하우·홍승지, 《한국의 윷판 암각화》, 울산대출판부, 2019.

전호태·이하우·홍승지, 《한국의 바위구멍 암각화》, 울산대출판부, 2020.

전호태·이하우·신지원, 《한국의 암각화 2020》, 울산대출판부, 2020.

• 찾아보기

금요일엔 역사책 4

암각화, 바위에 새긴 역사

2023년 6월 21일 1판 1쇄 인쇄
2023년 6월 26일 1판 1쇄 발행

지은이	전호태
기획	한국역사연구회
펴낸이	박혜숙
디자인	이보용
펴낸곳	도서출판 푸른역사
	우) 03044 서울시 종로구 자하문로8길 13
	전화: 02)720−8921(편집부) 02)720−8920(영업부)
	팩스: 02)720−9887
	전자우편: 2013history@naver.com
	등록: 1997년 2월 14일 제13−483호

· 잘못 만들어진 책은 교환해드립니다.